丼家の経営

24時間営業の組織エスノグラフィー

田中研之輔

法律文化社

目次

第3章 組織の窮状

第4章 経営の極意

結論 丼家の経営

補論　丼家の系譜

あとがき

序論　丼家の店舗

マネジメントは、科学的な原理に基づいた仕事ではなく、いまだにアートである。あらゆるマネジャーが同一の基本的役割を遂行しているようにみえても、このことは変わらない。役割を果たすために、マネジャーは伝達が難しく、文章にならないような情報を処理し、理解しにくい直感的な方法を使っている（ミンツバーグ 1993：258)。

1　丼家の労働

丼家は眠らない。乗降客の多い駅前のこぢんまりとした丼家や、主要幹線道路沿いで駐車場を十分に確保し、店内も比較的ゆったりと利用できる郊外の丼家等、あかりを灯し続ける丼家に駆け込む機会は少なくない。[*1] 年中休みのない丼家の営業形態は、食事を好きな時間にとる現代人のわがままを許してくれる。いつでも気軽に、一人でも立ち寄ることができる。私の丼家の食べ歩きは、二〇〇八年七月から二〇一五年の現在に至る七年間、北海道から九州まで、関東圏の店舗を中心に百店舗を超えた。シンガポール、韓国、タイにある海外店舗にも、機会ある度に、食事をしてきた。

丼家は、大きく二つのタイプにわかれている。入り口付近にある券売機を使って注文を行う券売機設置店舗と、着席してから店員に注文をお願いする券売機非設置店舗の二つである。[*2] 券売機設置店舗では、券売機のボタンに触れ、数十も羅列してあるメニューの中から、食べたいメニューを選択する。現金を投入し、精算を済ますと、顧客のオーダー情報は、店内オンラインシステムで厨房へと正確かつ迅速に伝達され、調理が始まる。席に着くころには、先ほど注文したメニューが、できたてほやほやの状態で配膳される。改善が加えられ進化を続けてきたこの商品提供サービスには無駄がない。世界に目をむけても、類をみない。提供される商品のクオリティも高く、美味しく頂くことができる。

丼家の流れるような商品提供の工程は、いつでも即座に食事が提供される効率性、どの店舗でも量的に均質な商品が提供される計算可能性、商品とサービスが質的に同一であるという予測可能性、人間の技能によらない技術体系への置き換えにみられるコントロール、ジョージ・リッツアが八〇年代に提唱し、その後、瞬く間に、世界的に受容されてきたマクドナルド化する社会（リッツア 一九九九）を象徴的に体現している。丼家は、マクドナルド・モデルに近似する、徹底的に効率化されたサービスの確立により、時間や地理的立地に限定されずに、商品の利用可能性を拡大させ、市場を獲得してきた。顧客へのメリットも大きなものであった。顧客は、二四時間いつでも好みの商品を即座にかつ安価で購入できるようになった。

だが、この効率化・合理化を徹底化したシステムの半面で、商品を手掛ける従業員は、作業ラインの一部と化し、脱人間的な環境へと追いやられ、機械化されているのではないか（リッツア 一九九九：三八）。いつでもどこでもすぐに食事を頂けることの恩恵は、その食事を手掛ける労働者を機械化し、脱人間化させた代償の上で成り立っているのではないか。リッツアは脱人間化した労働や、脱人間化したところで獲得される効率化した社会に警鐘を鳴らしている。[*3]

ドラッカーは、①生産的な仕事を創りだし、②成果についての的確なフィードバックを与え、③継続的に専門技能を磨く学習集団とすることがマネジメントの課題であり、働きがいの条件であると述べている（ドラッカー 二〇一一：七四）。丼家の労働は、脱人間化した労働であるのか、それとも、働きがいを得られる労働であるのか。本書ではこの根源的で両極的な問いについても、丼家の店舗内部で行われている経営の一挙手一投足に肉薄しながら答えていく。

本書の目的は、丼家という組織の店舗経営の構造、機能、戦略について内在的な考察を加え、店舗経営のマネジメントの実際を明らかにし、丼家の労働の実態を炙り出していくことにある。言い換えるなら、丼家の空間がどのような構造をもち、どのように機能しているのか、また、その空間において、社員、アルバイト、顧客がいかなる関係を構築し、相互にどのように作用しあっているのかを、筆者自身も丼家の中へと身を置くことで、突き詰めていく。

2 舞台と方法

本書の舞台は、二四時間営業を続ける丼家である。丼家の各店舗で繰り広げられているドラマの数々を、その鮮度と旨みを保ちとじ込めながら描きだしていく。本舞台には、食材を届け運び込む業者、店内設備を管理する業者、全国チェーン店舗展開を支える社員、多様なバックグラウンドを持つアルバイト店員等、様々な人物が関わっている。他の職場と同様に様々な役割を担う多様な人々が関わり、丼家の日常を構成している。

丼家の日常に迫るのに、本書は、①丼家の内情について触れられた書籍や情報の徹底的な収集、②顧客の立場での丼家の観察、③丼家で働いている人びとへのインタビュー、④筆者自身の丼家での労働経験、の四つの具材を調理していく。[*4] それでは、調理の工程をみておくことにしよう。

まず、①丼家について書かれた書籍や丼家のホームページ等の内容を吟味した。丼家について書かれた書籍は、多くはない。吉野家・松屋・すき屋という丼家御三家の歴史的経緯やそれぞれのデータについて比較整理されている書物（『がんばれ吉野家』（二〇〇六）、『牛丼の謎』（二〇一〇））、丼家の創業者や経営者へのインタビューをまとめた書物（『吉野家の牛丼280円革命』（二〇〇二）、『逆境の経営学』（二〇〇七））、丼家の売上動向や価格競争についてまとめた書物（『牛丼一杯の儲けは9円』（二〇〇二）、『一杯の牛丼からみえてくる日本経済の軌跡とこれから』（二〇一三））、などがある。これらの著作やホームページの内容から、丼家のこれまで歩みを掴むことができた。丼家の系譜については、補論にまとめた。

次に、②丼家の店内の観察は、二〇〇八年七月から顧客として店舗を訪れたときに実施し、一二〇店舗を越えた。複数回以上、足を運んでいる店舗は、一二店舗あり、そのうちの三店舗は、それぞれ七から八回訪れている。一人の顧客として足を運び商品提供までのスピード、店員間のやりとり、店内の様子などを観察してきた。丼家の観察を続けていると、店内に入った瞬間に、従業員の動きの違いがわかるようになる。店内を見渡せば、清掃の状態が手に取るようにわかる。従業員の動きと店内の清掃状態が良ければ、店には顧客が溢れ、逆に、店内の状態が良くない店は、従業員の動きも悪く、来客数も少ないのである。これは、これまでの観察から導き出されたきわめてシンプルな見解である。追って分析する店舗の売上分析とあわせてみても、この見解は裏付けられるばかりである。

二〇一〇年六月以降は、店舗の座席や事務所、店舗近くの喫茶店などで、一回二〇分程度のインタビューを実施したり、二時間から三時間のインテンシブインタビューを行ってきた。インタビューの総合計時間は、約一八〇時間である。インタビューの形式は、事前に大まかな質問項目を決めておいて、インタビューを進めながら質問内容を掘り下げていく、半構造化インタビューを行った。[*5] インタビューは、許可を得て、iPhoneの録音機能を使い、録音した。インタビューを開始した時点で、数十店舗の観察経験のあった私は、「注文を受けてから、最短で商品提供するのに、従業員とどんなコミュニケーションが取られているのか」「シフトに入るメンバーの違いによって、どれぐらい商品提供スピードが変わってくるのか」「店舗の売り上げを伸ばすために、店内ではどんな工夫をしているのか」など、の具体的な質問を投げた。そこでのインタビューの成果が本書のメインディッシュである。

丼家の歴史的経緯を把握し、丼家の店内観察を続け、丼家で働く従業員へのインタビューを行いながら、本書の具材を段階的に集めていった。本書にとって不可欠な味付けとして、筆者自らも丼家で労働の経験を積んだ。丼家の店舗にアルバイトの申し込みをして、面接を受けた。採用された店舗で、研修を受け、店舗で顧客に商品を提供した。内側から世界を描いていく作業は、従業員の人びとの声を、文字化していく翻訳作業でもある。本書で文字化した言葉が、丼家の内側を説明し得ているのかについても、丼家の現場で検証しながら労働経験を積んだ。

丼家で働く人びとの日常的な経験を、その状況のただ中に身を置き、観察したり自らも働いてみるという方法は、フィールドワークとして知られ、人類学の分野や、近年では、社会学の質的調査の手法として注目されている。フィールドワークに携わる者は、現場に溶け込むことで、「現場の人々がどのように生活を送り、どのようにして日常的な活動をおこない、どのようなことがその人たちにとって重要な意味をもち、何故そう思うのかなどについて、内側の視点から観察するのである」（エマーソン他 一九九八：二四）。フィールドワークの方法論的な強みは、回答が用意された選択肢から答えるアンケート調査では捉えることのできない、当事者の葛藤や困難、喜びや享楽に迫ることができる点だ。現場での人びととのやりとりや、交わされる言葉には、社会の何らかのリアルが映し出され、制度や秩序が埋め込まれている。

本書は、丼家のフィールドワークの成果をまとめた、丼家のエスノグラフィーである。丼家は、労働の現場ではあるが、生活の現場ではない。丼家の店舗は、寝泊りをする場所ではない。フィールドワークは、当事者の内側の世界を描きだすことに優れた調査手法である。それゆえに、フィールドワークの成果は、その内側の世界の特性に多くを依拠する。本書は労働現場としての丼家の組織特性が色濃く反映された作品となっている。丼家の「組織を対象にフィールドワークを行い、その組織における現場調査の成果をまとめた報告書」（金井・佐藤他 二〇一〇：iii）である。本書の副題を、二四時間営業の組織エスノグラフィーとしているのはこのような理由からである。

本書では、丼家をマネージメントする、丼家の舞台監督である店舗マネジャーを主人公に据えている。舞台監督といっても、自らも舞台に立つ、監督兼演者でもある。サッカーでいえば、自身もピッチに立ち、実際にチームメートに指示をだす司令塔のような存在。自ら得点を決め、ときには、チームの連携プレイを客観的に、戦略的に分析していく監督兼キャプテンのような立場である。このようなプレイングマネジャーの目線からみえてくる、丼家でのあらゆる「相互行為の集合」（ゴッフマン 一九六七）からなる日常ドラマを描きだしていく。[*6]

書き手である私は、舞台でのパフォーマンスを、客席に座ったまま傍観しない。舞台の袖に控えたり、パフォーマンスする店員たちと談笑しながら、パフォーマンスそのものについて切り込んでいく。[*7] 本書で重点を置いて描いていくのは、「マネジャーとはどんな人物であるのか」という属性やパーソナリティに関する事柄というよりは、「マネジャーが、どのような局面で何をしているのか」という、動作や行動、意思決定に関わることである。

観客でもあり、店員たちとも、時間と空間を共有するそのような柔軟な立ち位置を確立していく。そうすることで、舞台での関係性の外に身をおき、半ば理論的な視点から、舞台における観客の視点に立つことで陥る、書き手の「認識論的誤謬」（ブルデュー 一九九四：二七七）[*8]を回避していく。

美味・低価格・迅速の三拍子揃った食事を提供するのに、いかなる工夫がなされているのか。そこには、どのような格闘や苦悩、喜びがあるのか。店舗マネジャーと店舗マネジャーとともに働く人びとの生きられる経験や、他店舗との連携プレイ等も、店舗マネジャーの現場での采配に迫りながら、生の声とともに描きだしていく。本書で描かれている内容は、店舗マネジャーの御意向により店舗、本人の特定ができないようにすべて仮名表記として、店舗や個人のプライバシーに最善の配慮を行っている。

本書では、大手丼家チェーン店舗間の経営戦略上の違いや勤務状態の差異について比較し、その差異を明らかにしていくことには力点を置かない。丼家間の差異を浮かび上がらせるより、それぞれの店舗でのやりとりやマネジャーの意思決定を素材としながら、丼家の経営に共通してみることのできるエッセンスをできるだけ立体的に描きだしていく。本書を通じて考えていきたいことは、二四時間休みなく経営を続けていく丼家の生きられる世界そのものである。

＊1　二四時間営業を取り止める大手チェーン店舗もあり、丼家の経営を支えてきた二四時間営業は今、経営戦略を大きく方向転換させていく過渡期にある。

＊2　丼家経営の御三家といわれる、吉野家、松屋、すき家の中で、吉野家とすき家は、券売機を設置していない。一方で、松屋は券売機を設置している。券売機設置店舗は、注文から発注商品提供までの時間的ロスをなくすことができる。その一方で、顧客とのコミュニケーションの機会が少なくなる。

＊3　こうした、マクドナルド化をもたらした成功要因として注目に値するのが、徹底した効率性をもたらす形式的構造の組織化である。リッツアは、マクドナルド化を支えた①効率性、②計算可能性、③予測可能性について、マックス・ウェーバーの官僚制に関する見識にその多くを倣っている。「ウェーバーが合理化のモデルとして官僚制を分析したのに対して、リッツアはファストフード型店舗の拡大と成功のモデルにマクドナルド化のパラダイム（リッツア一九九九：四七）」を位置付けている。その中で、リッツアは、ウェーバーの官僚制モデルの「形式合理性」に特に着目した。「形式合理性」とは、「与えられた目的に対して最適な手段を探ることが、規則や規定やより大きな社会構造によって共有されていること。そうであるがゆえに、個人はある目標を手に入れるための最良の手段を探るさいに、自分で工夫を凝らす裁量をもっていないこと」（リッツア 一九九九：四八）と指摘する。つまりは、「目的を実現するための手段の選択を個々人にまかせない」のである。

＊4　丼家で働く人びとの行動や規範、、それらを取り巻く制度や社会構造を、本書では「丸ごと」捉えようと試みた。その意味で、ジェラルド＝サトルズが提唱し、佐藤郁哉がはやくから紹介してきた「恥知らずの折衷主義」の方法論的手つきに本書も依拠している。詳しくは佐藤（一九九二：六六‐六七）を参照。

＊5　半構造化インタビューの方法的意義については、佐藤（一九九二）に詳しい。

＊6　本書では、店舗で交わされる無数の行為の型や、複数の行為のつながりに着目し、店舗店員間で生じる相互行為に目を向けていく。採用され入職する店員、離職する店員、他店舗にヘルプにいく店員、というように、店舗での出会いは、絶えず、変化するものである。そこでゴッフマン（一九六七）が述べるところの「社会的な集まり」としての店舗をとらえ、そこに生起する無数の出来事に宿る定式的な秩序に、丼家の経営の神髄を読み解いていく。

＊7　丼家では、アルバイト従業員のことが、アルバイトスタッフ、アルバイトクルー、アルバイトキャスト等、様々に呼ばれている。本書では、店員という呼び名で統一する。

＊8　認識論的誤謬に陥いると、すべての社会的行為者を学者のイメージでみることになってしまうし、より正確には、実践を説明するために学者がつくらざるを得ないモデルを、行為者の意識にしてしまうことや、学者が実践を理解し、説明するために生産せざるを得ない構築物が、あたかも実践を決定する原理であるかのように語られてしまうからである。

第1章

店舗の儀礼

民族誌学者は、行為者と観衆の行動を一つ一つ正確に注意ぶかく記録すべきである。儀式の構造、その根底にある教義的観念を自分が知っており理解もしているということをしばらく忘れて、人間の集まりのまんなかにひたすら身をおこうと努めるのがよかろう（マリノフスキー 1967：90）。

1　舞台の裏側

「ようこそ！　いらっしゃいませ。お好きな席におかけくださ い」と店員全員による唱和。店内に入った瞬間に、ハッと驚くほど大袈裟な歓迎を受ける店舗がある。店員同士が声をかけあい、店内が活気に満ちている。逆に、店内に入り着席し、こちらが注文をお願いするまで、一言も声のかからない丼家もある。どちらの丼家も、店舗の外に同じ看板を掲げている同一のチェーン店舗である。

私は、大袈裟に迎えられるよりも、ごく自然に店内に入っていける店舗を好む。あまりに元気な声で迎えられると、かえってわざとらしく感じてしまう。だからといって、店員同士のコミュニケーションが取れていない店舗は、気持ちのいいものではない。なんとなくこちらの元気を奪われてしまう錯覚に陥るからだ。

店舗で働くには、正規社員か、アルバイト店員として採用される必要がある。正規社員として勤務するには、幾段階の採用プロセスをパスしていかなければならない。アルバイト店員として舞台に立つには、スピードを重視したシステムがとられていて、採用への障壁が低い。

私はアルバイト店員として丼家で働くことを決めた。調べていくと店員になるには、⑴店舗での求人情報、⑵ホームページ上での求人情報からエントリーする二つの方法があることがわかった。そこで店舗来店よりも事前に準備のできるホームページからのエントリーを選択した。ホームページの求人情報には、①「朝、昼、夕方、深夜早朝、土日祝日」といった希望時間帯から選択する方法、②希望職種（接客・調理、食品加工・製造、電話応対、給与計算・事務管理等）から選択する方法、③駅名（例：東京）、店舗名（例：名古屋）などのキーワードを入力する方法、④希望勤務地区から選択する方法、がある。

居住地から近接の店舗を探すために、④希望勤務地区を選択した。勤務地は、関東エリア、東京都を選択する。東京都内では、一、二〇一件検索結果が表示された。次に区を選択する。数十件程度表示される市区町村から、検索数の多いところでみると、たとえば、新宿区では八六件の求人情報が表示される。時給は、一、〇〇〇円で、深夜勤務になると一、三一三円である。

次に、接客・調理の仕事を希望する。食器洗いや盛り付けを行うが、包丁を使うことがないので、未経験でも安心の職場であると記載されている。接客についても、発券による注文のため、オーダーを間違えたりすることはない。一日三時間、週二日からの短時間勤務も可能である。「応募する」のボタンをクリックすると、氏名、生年月日、性別、電話番号、現在の職業、応募のきっかけ（店頭、店頭チラシ、紹介、HP、メディアから選択）を順に入力していく。入力確認をおえると、本部に伝達される。ここまでのエントリー手続きは、五分もあれば十分である。希望勤務地区や勤務時間帯が入力前にかたまっている場合には、二分もあれば登録可能である。

エントリーは夜一一時ごろに自宅からインターネットで行った。翌日朝一〇時には、登録した番号に連絡があり、その二日後の面接が決定した。電話では面接可能な日程を三日伝えたが、面接日はその候補日の中で、もっともはやい日程が指定された。面接の際には、履歴書と住所の確認できる免許証か健康保険証を持参するようにと伝えられた。

2　店舗の面接

面接の日を迎えた。一人の顧客として店舗をこれまで利用してきたが、従業員専用の扉を開けることはなかった。今日、その一歩を踏み出す。独特の緊張感があった。約束の午後二時に間に合うように、自宅から車で向かい、最寄りの民間有料駐車場に車を停めた。面接場所は、希望勤務先としてエントリーした店舗である。事前に、履歴書のフォーマットをホームページからダウンロードし、証明写真を添付し、青色のニットに、黒色のパンツという服装で来店した。

最寄り駅から数十メートルの位置に店を構え、人通りの多い典型的な駅前店舗である。駅前の一等地であることは間違いない。店内のスペースはお世辞にも広いとはいえない。私が面接にむかったときには、店内で三名の顧客が食事をしていた。自動ドアのボタンを押し、店内へと入ると、「いらっしゃいませ」と元気な声で迎えられた。他店舗と比べて、活気のある店だと感じた。私は椅子に座らず、食事をしている顧客の迷惑にならないように……。いや、正直に言うと、できるだけ、顧客に目立たないように、小声で「あの〜、二時に」と店員の一人に声をかけた。すると、その茶髪が印象的な二〇歳前半の女性店員が、「二時に予約の方ですね。わかりました。お待ちください」

と言葉を返すと、間髪入れずに、今度は「二時に面接の方がいらっしゃいました」と大きな声で厨房の奥にいるスタッフに声をかけた。

すると五秒もたたないうちに、PRIVATEと英語で書かれた従業員専用ドアから、五〇歳後半の女性が出てきて、「どうぞ、こちらにはいってください」と声をかけてきた。ドアをあけ、一歩を踏み込む。そのときの様子は鮮明に覚えている。ドアとは境界だ。この一歩を踏み込むことで、顧客としては決してみることのない舞台の袖へと踏み込むことになる。ドアの向こうは、驚くほど、小さなスペースであった。ドアをあけてすぐ目の前に、パイプ椅子が一つ置いてある。パイプ椅子までは二、三歩で十分だ。パイプ椅子は通路に置いてあるようなイメージで、最初の一歩を踏み出すと右手が店内とつながっている。その一歩を踏み出すと私も舞台に立つことになるのだ。

パイプ椅子を背にして二メートルほどの通路があり、通路の壁には、店舗マネジャーに与えられた表彰状が七枚飾られていて、反対側の壁には、店舗の理念や決まり事の書かれた紙が乱雑に貼られていた。その奥に、一台のコンピューターとプリンターが設置されていた。

私を出迎えた女性が、「そちらの椅子に腰かけてください」と声をかけた。私は、面接は対面形式で行うものだと思い、その女性に「こちらの椅子を反対にむけましょうか」と伺った。「いえ、そのままでけっこうです。それでは、面接をはじめますね。本日、面接を担当する那珂と申します。店長があいにく不在ですので、私が店長代理として面接を行いますね」と丁寧な言葉での挨拶を受けた。私は、一度立ち上がり「田中と申します。面接のほうよろしくお願いします」と言葉をかえした。

事前に電話で指示をうけていた、履歴書を持参していた。那珂は、履歴書をみると、「それでは、こちらの書式に、もう一度書いていただけますか」と一枚の紙を渡した。そのフォーマットは私が持参した履歴書の項目とほぼ変わらない。希望勤務時間帯の項目が、月曜日から日曜日までの七日間にわかれていて、より詳細に記載できるものであった。シフト希望のより詳細な記述と、履歴書を本人が書いたものであるという確認作業の意味があるように感じられた。五分弱で履歴書用紙に必要事項を記入するとその場で面接が始まった。

那珂：三六歳なのですね、今、お仕事はされていますか？
田中：はい、しています。
那珂：わかりました。こちらでの勤務は可能ですか？
田中：はい、一日三時間程度の週二回なら可能です。
那珂：これまでどんなアルバイトをされてきましたか？
田中：コンビニエンスストアや交通測量のバイト、あとは、日雇いの派遣でいくつかの仕事をしてきました。
那珂：こちらの店舗を希望される理由は何かありますか？
田中：はい、自宅から近いというのが、本店舗を希望する主な理由です。
那珂：自宅からは歩いてどのぐらいですか？

田中：歩いてだと厳しいのですが、車で一〇分程度、自転車でも二〇分程度です。
那珂：近いのは便利ですよね。ここで働かれている方も、電車で来られると、交通機関の乱れで遅刻することもあって、困りますから。
田中：自宅から近いですし、土地勘もありますので、その点は心配ありません。あの一点、宜しいでしょうか？
那珂：どうぞ。
田中：私、アルバイト経験はあるほうだと思うのですが、実際に、調理をするというアルバイトはしたことがなくて、できるかどうか心配です。
那珂：あっ、それは心配ないです。誰でもできます。慣れですから。もちろん、慣れるまでは、いろいろと苦労するかと思いますが、覚えていけば、こなせるようになります。心配はいりません。大事なことは、大きな声を出せるかですね。厨房の奥にまで聞こえるように、はっきりと大きな声を出してください。とにかく、いつも元気でいること。このことを大事にしています。
田中：はい、わかりました。
那珂：ほかに、聞いておきたいことはありますか？
田中：とくに、ありません。宜しくお願いいたします。
那珂：面接の結果は、合格した場合のみ、二日から三日でこちらの携帯のほうに御連絡いたします。面接に通過し、次回、店舗に来られる際には、ベルトを持参してください。帽子、制服は貸出になります。はい、それでは、面接をおわります。本日はお越しいただき、ありがとうございました。

田中：はい、ありがとうございました。それでは、お待ちしております。よろしくおねがいします。

面接は、一〇分弱、書類記入とあわせても一五分以内でおわった。この間の面接は、パイプ椅子に腰かけた私の右隣に、那珂が起立したまま、行われた。事前に伺っていた三〇分はかからなかった。面接の結果を待つことになった。面接に合格にした場合には、二日以内に店舗から連絡が入るということであった。その二日が経過しても、電話がかかってくることはなかった。不採用である。

那珂との面接の感触は悪くはなかったため、店長にどのように面接の様子が伝わったのだろうか、何がいけなかったのだろうか、と自問した。だが、その答えはみつかるわけではない。不採用が確定したその晩、私は、再度、違う店舗への面接応募のエントリーを行った。エントリーをしてから二日後に、面接予約の電話がかかってきた。電話を取り損ねた私の留守電には、「わたくし、〇〇丼家、アルバイト受付センターの長岡と申します。田中様の携帯でお間違えないでしょうか。このたびは、〇〇丼家〇〇店のほうに、御応募頂き、有難う御座いました。面接日程などの御相談をさせて頂きたいので、御都合のよろしいときに、アルバイト受付センター『〇〇〇〇－〇〇〇〇－〇〇〇〇』までお電話いただけますでしょうか。本日、午後六時まで受け付けをしております。お電話をお待ちしています」というメッセージが残されていた。

その電話番号にかけなおすと、二回とも話し中になりつながらない。その後、電話を再度かけなおし、名前と希望店舗を伝える。すると、「田中さんは、別の店舗で、四日前に面接を受けていることになっているのですが、お間違いありませんか」と確認された。私は、間違いないことと、合格の際には、二日以内に連絡をするとのことで、三日が経過した昨日の時点で、別店舗での面接を希望したいと伝えた。面接日は、それから四日後の午後二時にきまった。私の面接結果が、個人情報として記録されている居心地の悪さを感じた。

店舗には、面接時間の五分前に到着した。店内には、六名の顧客が食事をしていた。カウンター形式の店舗で働いている店員は、二名であった。「面接に伺いました」と一人の店員に伝えると、「わかりました。すこし、お待ちくださいね」と返答があった。それから五分ほど店舗の隅で待っていると店員が一人来て、「今からレジをしめるので、こちらに腰かけてお待ちください」と再度、伝えに来た。それから三分ほどすると、「それでは、事務所で面接を行いますので、私についてきてください」と言いながら、店舗の外に向かった。店舗のすぐ横の階段を二階へと上ると、一〇畳ほどのスペースの事務所の入り口についた。靴を揃えて、事務所に入り、早速面接が始まった。面接を行うのは、五〇歳前後の女性であった。前回の面接のときと同じで、本日の面接も「店長は不在ですので、私が代理をつとめます」ということであった。

本店舗で働きたい理由などを述べるやりとりをおえて、希望勤務時間へと話が移った。そのとき、希望勤務時間を一日三時間の週二回と伝えると、女性店員の表情が曇った。「三時間ですか、それは厳しいかもしれませんね。私たちの店舗では、朝八時からシフトに入ってもらい、基本、五時までは入ってもらいます。夕方の三時から五時までの時間は、店員がたりないこともあるのですが、三時間では厳しいと思います」と返答された。

私からは、「ホームページの募集条件には、一日三時間の週二回から勤務が可能ということでしたので、応募させて頂いたのですが」と丁寧に伝えた。すると、面接担当の女性からは、「一日三時間ですと、覚えるのがいくら早い人でも、三ヶ月ぐらいの研修が必要です。覚えることは一杯あるので、それぐらいはかかると思います。短時間で、お小遣い程度を稼ぎたいのであれば、宅急便屋さんの仕分けや夜中の工場でのお弁当づくりとかも、いいかもしれませんよ」とアルバイト先も打診された。続けて、「もし、私たちの丼家での採用となると、新店舗のオープン時なら可能だと思います。本店舗のように、すでにシフトも埋まっている状態であると、短時間スポットでの新規の勤務は厳しいですね」との説明を受けた。前回の店舗での不採用の結果も、納得できた。

前回の面接時には、「大きな声を出して、元気にしていれば誰にでもできる仕事」だと言われたのに対して、今回の店舗の面接では「三ヶ月の研修は必要」だと伝えられた。店舗のシフトは二〇人ぐらいの店員で組み、店舗を経営している様子などの話を聞き、「ありがとうございました。ご迷惑をおかけしてしまうことにもなると思うので、ここで辞退させていただきます」と私のほうから面接の継続の御断りをさせて頂いた。このように同系列店舗の面接でも、面接を担当する従業員によって、アルバイト店員に求める働き方の基準が異なる。面接に訪れた勤務希望者と、そこで面接を担当するものとの、偶発的な出会いによって店舗での働き方の印象もかわってくる。

別のチェーン店舗にもエントリーした。こちらも同じく、数分のエントリーで募集登録を済ませることができた。登録したメールアドレスに、応募先企業からメッセージ付の詳細メールが自動送信される仕組みになっている。そのメールには、「ご応募ありがとうございました。後ほど、お電話にて、面接日の日時についてご連絡させて頂きます。あらかじめ電話番号を登録しておくと、応募の電話とすぐにわかりますよ！　お会いできるのを楽しみにしています。どうぞ、よろしくお願いします」と記されていた。メールの文面を読み進めていくと、スタッフからの言葉で「ちょっとでも、困ったことがあったら、先パイはすぐにフォローしてくれるんです！　なので、ご安心くださいね。」と書かれていた。

時給は九〇〇円からで、午後一〇時以降は、時給二五％増しになる。店員の特典は、店内メニューを割引きで食べることのできる食事補助を利用できること、月末と一六日に給与が二回支払われること、働きたい日に働くことができる自由なシフトにある。仕事の内容は、カウンターでの接客と注文されたメニューの調理をメインとしたホール・キッチン業務である。アルバイト未経験者や、飲食店勤務の未経験者でも問題ないという。大学生、フリーター、主婦、主夫、高校生の店員も募集している。週二回からの勤務が可能で、昼から深夜にかけて働ける方で、日本語での業務に支障のない日常会話ができる方に限るとされている。

自由にシフトを活用し、「午前中だけ働いて、午後から学校やサークルへ」「家事が落ち着いた午後から夕方まで」「夜までは夢のために時間を使って、その後働きたい」等、多様な勤務希望を柔軟に受け入れることができる。勤務期間は、三ヶ月以上から長期働ける方で、六ヶ月以上の勤務で有給も取得可能である。ただし、勤務地までの交通費なしということであった。

全国に一、〇〇〇店舗以上の店舗展開をしている丼家のビジネスモデルとして、アルバイト従業員の交通費を支給しないことで、人件費の経費をおさえることが可能である。このことにより、アルバイト従業員は、店舗近接に居住する者によって構成されるようになることが考えられる。私が受けた店舗も、自宅から車で一五分以内で通勤することが可能な隣接店舗であった。

インターネットを使い、エントリーをしてから六時間後に、勤務希望店舗の阿部を名乗る店長から早速、電話が入った。「わたくし、〇〇店舗の店長の阿部と申します。田中様の携帯電話でよろしいでしょうか。このたびは、アルバイトの申し込みありがとうございました」と聞きやすい話し方であった。その後、面接の日時を確定した。店長阿部との勤務希望時間や面接の日取りを決める電話でのやりとりは、非常にいい印象を抱いた。「田中様、わたくしのほうが、明日より別店舗の勤務となりますので、当日の面接は、新しく配属される店長が担当させて頂きます」とのことであった。

面接の時間は、午後五時に決まった。これまで面接を受けた二店舗が駅前店舗であるのにたいして、今回の店舗は、主要幹線道路沿いにあるロードサイド店舗である。時間に余裕をもって自宅を出たが、交通渋滞に巻き込まれ、店舗についたのは、約束の時間から一三分が経過した午後五時一三分であった。駐車場に車をとめ、小走りで店舗へと向かった。「面接に来た者です。宜しくお願いします」と店舗店員に伝えると、すぐさま、「ではこちらへいらしてください」といったん、店舗の入り口を出て、そのあと、裏手にある事務所に案内された。案内された事務所は、一台のデスクトップパソコンと、パイプ椅子が二席のみの二畳ほどのスペースである。目の前には、二〇インチほどのモニターに、店内の様子が、六分割で映されていた。店内の様子だけでなく、店員や顧客一人ひとりの会話まで、オンタイムで映されていた。防犯用の監視カメラであることは一目瞭然であった。

そちらの椅子にかけると直ぐに、店内から私と同じ年代であろう三〇代と思われる男性が私のほうへと近づいてきた。「本日、面接を担当します。店長代理の村島です」と挨拶された。私は、その挨拶とほぼ、同時のタイミングで頭を下げ、「申し訳ありませんでした。面接のお時間から遅くなってしまいました」。事務所で村島とお会いしたのは、午後五時一五分で、当初の予定より遅れていたのは、紛れもなく私のミスであるからだ。

この遅刻もあるので、「本日は、面接をいたしません」というような言葉がかけられるのではないかという想定もしていた。ただ、村島は優しい声で、「田中さん、大丈夫ですよ。ただ、そういった場合には、一本店舗に電話いただければと思います。もう私がシフトの時間に入っていますので」と伝えられた。再度、私から頭を下げて、その後面接が始まった。店長代理の村島が、これまで数多くの面接を担当してきたことはすぐに理解できた。

村島：では、早速ですが、なぜ、このお店で働きたいのですか？
田中：（最初から志望理由に関する質問でやや戸惑いながらも）はい、以前から丼家で働きたいと思っていたのと、こちらの店舗は自宅からも近く、便利だ、というのが主な理由になります。
村島：お店から近いのですね。私は、実は遠くて、今日は、このお店のヘルプに来ているのです。
田中：そうなのですね。自宅は道が空いていれば、こちらから車で一五分ほどです。
村島：それでは、勤務可能なお時間はいつになりますか？
田中：一日三時間の勤務で、週二回ほどが可能です。ただ、時間調整は可能ですので、曜日等の変更もできます。
村島：平日のお昼の時間帯の三時間は可能ですか？
田中：曜日にもよりますが、可能です。
村島：それはいいですね。実は、お昼間の時間帯はかなりお客さんがいらっしゃるので、どうしても人手が足りないのです。
田中：お力になれるよう、できるだけはやく、覚えていきたいと思います。
村島：深夜の一〇時から午前二時とかは可能ですか？
田中：固定のシフトという形では厳しいと思いますが、人手が足りない時には、入れるようにしたいと思います。
村島：あと、違う店舗での勤務も可能ですか？

田中：車で移動しますので、あまりに自宅から遠くない店舗であれば、可能です。

村島：いいですね。私がこの店舗の店長であれば、田中さんをすぐに採用したいですね。ただ、新店舗の立ち上げで、こちらの店長が移動していて、今、店長が不在なので、新しく配属される店長に聞いてみますので、しばしお待ちくださいね。何か、ご質問ありますか？

田中：コンビニエンスストアなどでは、アルバイトをした経験があるのですが、実際に、調理し、配膳する接客はこれまで経験がありません。ついていけますでしょうか？

村島：その点は、研修で一つひとつ覚えていけますので、心配ないですよ。

田中：わかりました。ありがとうございました。

村島：では、店長に確認後、二日以内には御連絡いたします。私ども店舗の電話番号は、こちらになりますから、もし、よろしければ、ご登録しておいてください。

田中：はい、登録しておきます。ご連絡お待ちしております。宜しく御願いいたします。

面接は、一二分で終了した。村島は、手際よく、必要な質問を的確に投げかけてきた。面接の結果がきたのは、翌日の朝八時四〇分であった。電話に出ると、「田中さん、村島です。昨日は面接にお越しいただきありがとうございました。面接の結果、採用になりましたので、これからよろしくお願いいします」という電話であった。

その電話で時間調整をして、健康保険証、車の保険証、銀行口座のコピーと、身分証明写真を用意して、その日の夜一〇時に深夜勤務のシフトに入る直前の村島の店舗に書類を持っていくこととなった。いよいよ、私自身も丼家で働くための一歩を踏み出すことができたという気持ちとともに、実際にどれぐらい大変な作業で、ついていけるのだろうかという不安が入り混じっていた。翌日に、書類を揃えて、面接のホームページエントリーから一週間もかからずに、アルバイトとしての勤務がきまった。

面接のエントリーをしていた、他のチェーン店舗からも面接エントリーの二日後に、携帯に連絡がはいった。「株式会社〇〇の納山と申します。アルバイトの応募を頂きまして、ありがとうございます。田中様の携帯でお間違えないでしょうか。はい、早速なんですけど、面接の日程を決めさせて頂きたいと思います。ご都合のよろしい時間とかございますか。面接用の写真をご用意いただきたいのですが、可能でしょうか」というやりとりをして、翌日の午後二時に面接にむかった。

ロードサイド店舗は、客席が五〇席近くあり、これまでの店舗で一番大きな規模である。店内に入り、面接に来たことを伝えると、「では、こちらでお待ちください」とテーブル席に案内された。これまでの店舗面接では、三店舗とも裏口や別階の事務所で行われた。事務所というほど十分なスペースが確保されていたわけではない。とはいえ、その場所は、顧客の目からみえない場所に位置していた。今回の店舗では、顧客が食事をしているのを横目に、面接を行うことに拍子抜けした。インターネットで予約して、その数日後に店舗に面接に来るものを、いきなり店舗の事務所に入れることは、店舗のセキュリティという面から考えても、問題があるといえるので、店内での面接はその判断すると妥当な選択ともいえる。テーブル席に座ると、「どうぞ」という声とともに、店員がお茶を運んできてくれた。

横田：こんにちは、田中様、わたくし、エリアマネジャーを担当しております、横田と申します。はい、それでは、お写真をお持ち頂いていると思うのですが、よろしいですか？
田中：はい、こちらになります。
横田：こちらがエントリーシートになっておりまして、こちらに記入していただきます。こちらに記入していただいた内容は、会社のほうで管理させていただきます。こちらのシートは返却ができませんので、その点、ご了承ください。
田中：はい、わかりました。
横田：今、写真をつけるノリをお持ちしますので、こちらの書類を書いてお待ちください。
（エントリーシートに、志望動機や勤務可能曜日・時間等を記入。五分程度）
横田：田中様、こちらのアルバイトはどういった経緯で、お知りになりましたでしょうか？
田中：ホームページをみさせていただいて、エントリーさせて頂きました。
横田：そうなんですね。ありがとうございます。何か、その中で、お好きな商品とか目にとまりましたか？
田中：丼ですね。
横田：お召し上がりになったことありますか？
田中：はい、もちろん、何度もあります。

横田：ありがとうございます。実は、ボリュームもアップしているので、めしあがってください。今、エントリーシートを拝見しましたところ、希望曜日とかありますか？

田中：週二回程度でしたら、調整可能です。時間の調整は可能です。

横田：土日も、働くことは可能ですか？

田中：固定シフトでは厳しいと思いますが、人手がたりないときには、お手伝いさせていただければと考えております。

横田：そうですね。試用期間が二週間ございます。この期間に、田中様の適性を見させていただきます。もちろん、この間に、田中様のほうからこの仕事は厳しくて辞めたいということでしたら、問題ありません。その期間は、仮契約ということになります。こちらから、その期間に、お断りさせていただくこともありますので、ご了承ください。その後は、二ヶ月間の契約をさせていただいて、その後継続していただけるようなら、一年の契約を結ばせていただくという順序になっております。何か、ご質問ありますか？

田中：コンビニ等ではアルバイト経験があるのですが、実際に、食事をつくって、お客様に提供する経験がないのですが、大丈夫でしょうか？

横田：そうですね。その点は、私どもでしっかりサポートさせていただいて、実地トレーニングしてもらうので、大丈夫です。調理と接客は、両方やってもらうことになっています。この期間に、一気に覚えてスキルアップしてもらうと、その後がスムーズかと思います。何かご質問ありますか？

田中：とくにありません。ありがとうございました。

横田：はい、それでは、合格・不合格ということでもなく、ぜひ、一緒に仲間になって働いてもらえればと思います。正式には、三日以内に、採用の場合でも、不採用の場合でも御連絡させていただきます。本日は、ありがとうございました。

面接は記入時間の五分とあわせて、一四分で終了した。その後、こちらの店舗からも採用の御連絡を頂いた。シフトの調整上、三店舗目に面接をうけて、採用された店舗で、働くことを選択した。

3 店舗の規則

採用の連絡を受け、必要書類を揃え、初日の研修を迎えた。面接を担当した店舗マネジャーの町田宏が、ナイト勤務のヘルプに入っていて、その時間にあわせて、夜一〇時三〇分から一時間研修を受けた。面接時に、交通渋滞で一五分弱遅刻してしまったこともあり、はやめに自宅を出て、一〇時一五分には、店舗に到着した。店舗の裏口のインターフォンをおし、店内の店員に鍵を開けてもらい、事務所に入った。事務所に入ると、テーブルには、店員が共有している連絡ノートが置かれている。連絡ノートをみると、本日の出勤者が一一名であることが確認できた。

マネジャーの町田が午後一〇時二五分に店舗にやってきて、「おはようございます」と挨拶を交わした。すると、町田は、「では、さっそく、田中さん、こちらに着替えてきて」と制服を手渡してくれた。事務所の更衣室は、一人が着替えことのできるぎりぎりのスペースで、古びた簡易ロッカーが備え付けられていた。制服への着替えをすます。顧客としてみていた制服、これまでインタビューをしてきたときに店員の方が着ていた制服に、自分が袖を通している、不思議な感覚であった。

店舗の制服に袖を通す行為を、井家の「儀礼」(ゴッフマン 一九六七)と捉えても、あながち間違いではない。というのも、袖を通して、店員であるという記号を帯びる、外側からも認識されるし、内側から自分自身も意識するようになるからである。着替えをおえて事務所に戻ると、町田が「次回までにこれを読んでおいてください」と手渡したのは、経営理念やアルバイトの心得を印刷した二〇ページほどのA4用紙であった。記載されているのは、接客の心得、店舗店員としての規則、接客の仕方などの基本事項である。新人店員は、①頭髪、②ひげ・鼻毛、③爪、④マニキュア、⑤化粧、⑥アクセサリー、⑦口臭の自己チェックを行う。勤務時に着用する制服は、毎日持ち帰り、洗濯すること、衛生上の観点から制服での入・退店の禁止が厳守事項とされている。

店内では、私語や雑談は禁止で、つねに、顧客対応ができるように準備していなければならない。店舗での集合目標は、①清潔な空間、②美味の提供、③笑顔の接客、④迅速な行動を掲げ、店舗を構えるローカル地区で、もっとも顧客から喜ばれるサービスの探求を日々行っている。

新人店員に求められるのは、元気な声での挨拶と返事、アイコンタクト、必要事項のメモとり、小走りでの移動である。店舗での基本規則には、①挨拶、②自己紹介、③返事・言葉使い、④声かけ、⑤快活な接客態度、⑥時間厳守、⑦シフトの提出・作成、⑧ムダ・ムラ・ムリのない迅速な動き、⑨報告・連絡・相談、が定められている。

その他、とりわけ注意すべき事項としては、食中毒の防止、個人衛生の管理、持ち込み禁止備品（輪ゴム、ホッチキス、シャーペン、カッターナイフ、画鋲等）の徹底がある。顧客からのクレームについては、①顧客の不満を聞き、事実の把握、②気持ちを込めて丁寧なお詫び、③改善の実施、④上司への報告（報告書の提出）、⑤店員全員での共有、⑥本部の指示を仰ぐ、⑦迅速な対応、の手順が基本ルールとされている。その他、忘れ物の対応や緊急時の対応についても、詳細な対応マニュアルが全店舗で共有されている。

新人店員が事前に覚えなければならない接客用語とオーダー用語は、七〇ほどある。接客用語は、次の一二の用語から構成されている。①「〇〇名様御来店です」、②「いらっしゃいませ、ようこそ」、③「お先に食券をお買い求めくださいませ」、④「（お茶配膳時に）いらっしゃいませ」、⑤「（お客様の目線と同じ高さにして、両手で丁寧に受け取りながら）食券をお預かりします」、⑥「〇〇がお一つ、以上でよろしいでしょうか」、⑦「ありがとうございます」、⑧「（キッチンにむかって、大きな声で（オーダー用語で））〇〇一丁」、⑨「お待たせしました。〇〇〇です」、⑩「（アイコンタクトをとりながら笑顔で）御注文の商品は、すべておそろいでしょうか」、⑪「（お辞儀をしながら）ごゆっくりどうぞ」、⑫「ありがとうございました」。

オーダー用語は、店舗で提供する商品ラインナップのすべてであり、六〇用語以上ある。その一つひとつの①正式名称、②価格、③接客時の商品名、④（キッチンへの呼称のための）オーダー用語を、季節限定の商品、新商品、販売時間帯限定商品（朝食セット等）等に分類して覚えていかなければならない。

二四時間の店舗経営では、店舗マネジャーが全店員に顔を合わせることは難しい。そこでマネジャーから店員への情報の伝達は、業務連絡ノートを用いている。店員は、勤務前に連絡ノートを確認し、読了のサインを記名している。店員からの書き込みも可能である。①店舗を改善するための提案事項、②食材のロスや欠品に関する報告事項、③消耗品や備品の欠品に関する報告事項、④クレームの内容や対応に関する報告事項に限られている。営業本部からの連絡内容は、A４の用紙にプリントアウトされ、業務連絡ノートに糊付けされていく。本部から全店舗に通達される内容の多くは、店舗衛生（店員の衛生手洗いの徹底や体調管理等）に関する事柄や、商品の内容量の変更や商品提供のオペレーションの変更、などである。

店舗マネジャーからは、店舗内でのより細かな事柄についての指摘がなされている。たとえば、「全店員へ、ゴミ倉庫が汚いので、掃除するように」である。店員が読了を示す名前を記入すると、店舗マネジャーが印鑑をおして、情報の伝達の漏れを防いでいる。

それらの事項に目を通すと、店舗マネジャーの町田は、注文を受ける時に使用するハンディ注文機の使用方法を説明し始めた。ハンディ注文機の使い方は、シンプルで客席番号、注文商品、注文商品数を入力して、入力完了ボタンをおすと、調理場に注文内容が送信される仕組みである。その練習モードで一五分ほど練習を続けた。その間、町田が両手を使ってのより効率的な入力方法などを教えてくれた。ハンディの使い方に慣れてきたのをみていた町田は、「じゃあ、いきましょうか」と私に声をかけた。

4 接客の作法

町田は、店内へと通じている横扉を開けていた。夜一一時近く、店内には、三名の顧客が食事をしていた。その時間帯に働いていたのは、二人の男子学生店員である。彼らに挨拶をすませると、「では、これをお願いします」と町田から言われた。託されたのは、調理された直後の丼を、カウンター席の一番奥に座っている男性顧客に配膳することであった。店内に入り、二分もたたないうちの接客デビューであった。「お待たせしました。○○丼になります」と軽くお辞儀をしながら、丁寧に声を出しながら、配膳をすませた。カウンター席から調理場に戻ってくる途中に、「すいません。お茶ください」ともう一人の顧客から声がかかった。それを聞いていた町田は、コップにお茶をいれている。自分がその場に戻ると「はい、ではこれを」とお茶をのせた御盆を差し出した。

お茶を提供すると、入り口から男性客と女性客の二人組のカップルが店内に入ってきた。「いらっしゃいませ」と他の店員とともに唱和する。すかさず、カウンターレーンから戻り、注文を取りに伺う、「御注文はお決まりでしょうか」。事務所で一五分ほど、ハンディの使い方を練習したものの、実際に接客で使うのははじめてであった。その二人の注文は、はやかった。ハンディの打ち込みが追い付かない。注文商品が記載されている入力ボタンを探す手がおぼつかない。「〇〇〇、ですね」と確認しながら、入力をしていく。自分が顧客の立場であれば、「入力の遅いどんくさい店員だな」と思うに違いない。制服を着ているので、一目みたら、見習い店員であることはわからない。この一瞬のやりとりで、見習い店員であると顧客に認識されることは間違いない。それほど、ぎこちない店員であった。慣れた店員にくらべて時間はかかってしまったが、最初の注文は間違えることなく、入力をおえ、定位置に戻ると、気持ちが落ち着いた。

それから三秒もたたないうちに、最初に接客した顧客から追加注文がはいった。この追加注文は、私の入力スキルの想定をこえていて、立ち止まってしまっていた。すると、町田が、私のハンディの入力画面に顔を近づけ、追加注文操作の助け舟をだしてくれた。この作業に手間取っていると、厨房から「〇〇丼、あがりました」と声がかかる。すぐに、それを受け取り、配膳にむかった。配膳に向かうと、新たな男性顧客が店内へとはいってくる。「いらっしゃいませ」と同時に、一人の顧客が席を立ち、会計をするために、レジの前に立っている。先ほどの追加注文の操作確認をしていた自分に、「はい、田中さん、会計にいって」と町田が小声で声をかけた。

言われるままに、レジの前まできたものの、レジの操作はわからない。顧客は現金一〇〇〇円と伝票をすでに用意している。伝票と現金をうけとり、万事休す。「もう、これはどうしようもないな」と思ったその瞬間に、町田が横に立ち指示を出す。難しい操作は一切ない。顧客に御釣りをかえし、「ありがとうございます」と声を出した。

これらの動作が不慣れであることで、他の店員の動きを阻んでしまう。来客数の少ないナイト帯での研修であったので、多少のロスは許されたものの、これが昼間のピーク時で起きたことを考えると背筋の凍る思いがする。ぎこちないなりに痛感したことは、店内で無駄なく柔軟に動くことがいかに重要であるかということであった。以前に日雇いのバイトで、卓上カレンダーを袋詰めにする単純作業をしたことがあるが、その機械労働とは対照的な変化に富む労働であると感じた。その最大の要素は、来客にある。来客のタイミングは、店員のタイミングではなく、顧客のタイミングである。

調理、配膳、接客、片づけをしているときに、顧客が店内へと入ってくる。顧客が一人、二人と入店してくれば、その時々でいくつもの作業をこなしていく。私のスキルでは、店員の足手まといになることはできても、チームワークに加勢することはできない。はじめての接客は、時間があっという間に過ぎていった。状況に応じた迅速な判断、無駄のない動き、店員との連携プレイ、そこにみえてくるのは、機械化した単純労働ではなくて、スキルや動きを研ぎ澄ましていく人間的な労働である。

私と同じ時期に面接に来た一九歳の須田大和は、痩せ型で眼鏡をかけていた。希望勤務時間は、朝七時から午後三時までの毎日。私立の名門校を卒業後、受験に失敗し浪人生活をしていた。この店舗に面接にきた理由は、実家から最寄りの店舗で、自転車での通勤が可能であることと、大学に進学するまでの今、時間があるので、働きたいということであった。ネクタイを締め、スーツ姿で訪れた須田は、好印象でその場で採用がきまり、翌日から集中トレーニングを積んでいった。時給は、九五〇円で、採用の翌日から二時間のトレーニングを連続で三日受け、四日目には、ランチのピーク時間の正午から午後二時のシフトに抜擢された。同日のディナー帯の午後五時半から午後八時半のシフトにも三時間入り、店員として必要なスキルを一気に吸収していく。接客と調理を同時にトレーニングしていく。二日目からは、一人で接客を行い、四日目からは、カウンターパーソンとして、カウンターの接客のすべてを任せられている。このように実践的な現場でのトレーニングを積んで、丼家の舞台に立っている。

丼家に顧客として訪れるのではなく、従業員として働く経験を通じて浮かび上がってくる姿がある。面接のときにかけられた言葉で「誰にでもできる仕事ですので、慣れだけです」とか、「包丁は使わないので大丈夫です」という、経験のない素人でも、働くことのできる職場の敷居の低さが印象的である。

専門技能やそれ以前の同業種の職場経験を必要としない職場の強みは、その敷居の低さにある。時給を数十円上げ、求人サイトに募集を出すと、即座に応募がある。店舗に必要な労働力を、補填することができる。だが、敷居の低さや働くことへの気軽さは、この職場の弱みでもだろう。誰にでもできるということは、いつでも、自分の仕事を誰かが代行できるのであり、それは、「私が働かなくてもいい」というモチベーションの低下をもたらすことにもなる。簡単に仕事に就けるので、辞めることの敷居も低いのではないだろうか。

第2章

店舗の管理

マネジメントの仕方は組織によって違う。使命が戦略を定め、戦略が組織を定めることは当然である。小売りチェーンのマネジメントとカトリック司教区のマネジメントは違う。空軍基地、病院、ソフトウェアハウスのマネジメントも違う。とはいえ、大きな違いは使っている用語ぐらいである。せいぜい具体的な適応の仕方にすぎない。直面する問題や課題に違いはない（ドラッカー 2001：280）。

1　業務と役割

丼家の店舗責任を持ち経営をしているのが、店舗マネジャーである。[*1]　マネジャーとは、「一つの組織単位（である店舗）を公式的に預かる人」（ミンツバーグ 一九九三：九三）であり、「組織の成果に責任を持つ者」（ドラッカー 二〇一一：一二四）である。マネジャーには、二つの役割（ドラッカー 二〇一一：一二八）があり、一つは、投入した資源の総和よりも大きなものを生み出す生産体を創造することである。その点で、マネジャーは、行動、ビジョン、指導力を通じて、各パートを統合させ生きた音楽を奏でる、オーケストラの指揮者に似ている（ドラッカー 二〇一一：一二八）。もう一つは、あらゆる決定と行動において、ただちに必要とされているものと遠い将来に必要とされるものを調査させることである（ドラッカー 二〇一一：一二九）。

店舗が機能するには、店舗マネジャーによるマネジメントが的確に行われなければならない。ここでマネジメントの役割をドラッカーを参考に、次の五つにまとめることができる。第一に、店舗組織の目的を果たすことである。第二に、店舗組織にコミットする社員や非正規社員の生計、社会的地位を確立し、それぞれの自己実現を図ることである。第三に、店舗組織が社会に与える影響を処理するとともに、社会の問題の解決に貢献することである。第四に、店舗組織が抱えるあらゆる問題、決定、行動に関連して、常に現在と未来、短期と長期、という時間的要素を考慮することである。第五に、店舗組織を管理するとともに、新規成長を促進させることである（ドラッカー二〇一二：九–一〇）。

丼家の各店舗は、店舗マネジャーが実質的な経営業務を取り行っている。基本的な業務は、飲食業界のオペレーションと共通しており、QSCの徹底である。QSCは、高品質の商品を提供するQuality（品質）、笑顔による接客Service（サービス）、清潔な店内Cleanliness（清潔さ）からなる（田中二〇一〇：一二）。事例として取り上げている店舗は、店舗の営業時間や価格設定などはチェーン店舗化された全店舗に共通している。そのため、店舗マネジャーの業務は、①販売促進業務、②数値管理、③人材育成・面談、④設備管理の四つに主にまとめることができる。

①販売促進業務には、販売食数の達成率のカウント、テイクアウトの割合の確認、店員の充足率の計算、入客数の把握がある。②店舗経営の心臓部である売上数値管理としては、食品廃棄率の確認、人件費の抑制、時間給の調整、シフトのコントロールがある。③こうした販売促進業務や売上数値管理と並行して、人材育成やアルバイト社員の面談を行っている。人材育成業務には、個別面談を行ったり業務ノートを作成して社員間の情報伝達や意見交換を行っている。さらに、非正規社員の新規リクルーティングと人事面談を行っている。④店舗の設備管理や監督も、マネジャーの重要業務の一つであり、消耗品の管理、電気・ガス・水道のチェック、棚の設置、外販機材の設置、テイクアウトコーナー設置、座席数増加、店内レイアウト変更、事務所環境、店舗内清潔環境の維持などがある。それでは、丼家の店舗マネジャーは、どのような勤務形態で、どのよう

表2-1　マネジャーの10の役割

役　割		内　容	経営者研究から識別される活動	過去の文献における認識
対人関係	フィギュアヘッド	象徴的な長：法的、社会的性質をもった多数のルーティン責務を遂行する責任がある	儀式、肩書に寄せられる要請、請負	たまに認識されているが、たいてい、ごく最上位層の経営者のみに限られる
	リーダー	部下の動機づけと活性化に責任がある：人員配置、訓練および関連業務への責任	部下を引き込む管理活動のほとんど全部	すべての管理者役割のなかでもっとも広範に認識されている
	リエゾン（連結）	好意的支援や情報を提供してくれる外部の接触や情報通からなる自分で開拓したネットワークを維持する	郵便物の受領通知：社外取締役の仕事：外部の人びととかかわるその他の活動	特定の実証研究（セイルズの中低位層の管理者、ニュースタットのアメリカ大統領、ホワイトやホーマンズのインフォーマル・リーダー）が例外
情報伝達関係	モニター	組織と環境を徹底的に理解するため広範な専門情報（ほとんど最新のもの）を探索・受信：組織内外の情報の神経中枢になる	主に受信情報に関連するものとして分類される郵便の処理と接触（定期刊行物、現場視察など）	セイルズ、ニュースタット、ラップが認識し、とくにアギラーに詳しい
	ディセミネーター（周知伝達役）	外部や部下から受信した情報を自分の組織のメンバーに伝える；事実情報もあり、解釈が入り組織の有力者がもつ多様な価値づけを統合した情報もある	情報のために郵便を組織に転送、部下に情報を流すことも含む口頭接触（事後検討会議、インスタント・コミュニケーション・フォローなど）	認識されていない（唯一、パパンドロウが影響力のある人の選好を統合する「ピーク・コーディネーター」を議論している）
	スポークスマン	組織の計画、方針、措置、結果などについて情報を外部の人に伝える；組織の属する業種に関して専門家の働きをする	取締役会；外部の人への情報伝達にかかわる郵便の処理と接触	マネジャーの役割としてだいたい認識されている
意思決定関係	企業家	組織と環境に機会を求め変革をもたらす「改善計画」を始動させる；特定プロジェクトのデザインも監督する	改善計画の始動やデザインに関係した戦略会議や検討会議	（主に新しい組織の役割に関心があった）この役割を細かく調べたセイルズを除いて通常は分析されていない
	ディスターバンス・ハンドラー（障害処理者）	組織が重要で予期せざる困難にぶつかったとき是正措置をとる責任	困難や危機にかかわる戦略会議や事後検討会議	抽象的には多くの論者が議論してきた（たとえば、例外による管理）が、丁寧に分析したのはセイルズのみ
	資源配分者	実質的に、組織のすべての重要な決定を下したり、承認したりすることによる、あらゆる種類の組織資源の配分に責任がある	スケジュールづくり；承認要請；部下の作業の予算化や定型化にかかわる全活動	組織資源配分活動は分析した多くの研究者が暗黙には認識していたが、一つの役割としての明示的な認識はほとんどない
	交渉者	主要な交渉にあたって組織を代表する責任	交　渉	セイルズを除き大部分が認識していない（認識されている場合も、マネジャーの仕事ではないとされていた）

（筆者一部加筆、ミンツバーグ 1973：151）

に働いているのだろうか。情報の連絡や共有はいかなるメディアや連絡手段等を用いているのだろうか。[*2]

マネジャーは、職務タイプ別に次の八類型、①コンタクト・マン、②政治的マネジャー、③企業家、④インサイダー（内部志向）、⑤リアル・タイム・マネジャー（内部志向）、⑥チーム・マネジャー（内部志向）、⑦エキスパート・マネジャー、⑧新任マネジャー、にまとめることができる（ミンツバーグ 一九七三：二〇四）。[*3]

①コンタクト・マン（中心的役割：リエゾン、フィギュアヘッド）は、自分の時間のほとんどを組織の外で使い、頼みを聞いてくれたり、注文をくれたり、特別な情報を流すなどして、自分を助けてくれる人たちと交流するマネジャーである。次に②政治的マネジャー（中心的役割：スポークスマン、交渉者）は、自分の組織の行動を利権にからむ派閥にあてはめるマネジャーである。③企業家（中心的役割：企業家、交渉者）は、自分の組織における機会の探索と変革の実行に費やす。④インサイダー（内部志向）（中心的役割：資源配分者）は、内部業務を円滑に運営し続けることを考え、組織構築、部下の能力開発・訓練、部下が進める業務の監督に時間をかける。⑤リアル・タイム・マネジャー（内部志向）（中心的な役割：障害処理者）は、自分の組織において、毎日の作業が支障なく確実に継続するように努力を傾け、主に当面の業務を担当する人物である。⑥チーム・マネジャー（内部志向）（中心的役割：リーダー）は、一つの凝集性のある統一体として作業し効率的に機能するチームをつくることに夢中なマネジャーである。⑦エキスパート・マネジャー（中心的役割：モニター、スポークスマ

ン）は、通常の管理者役割に加え、エキスパートの役割を遂行する。大型組織における専門情報のセンターとして働く。⑧新任マネジャー（中心的役割：リエゾン、モニター）は、新しく職に就いたマネジャーで、コンタクトのネットワークとデータベースを構築していく。

2 数値の管理

店舗の管理を行う上で、本書に登場する店舗には、次のような特徴がある。第一に、食事を提供する。第二に、その場で調理を行う。そして第三に、同一の店舗が国内に数百ほど開設されているという点である。

店舗には、何人の顧客が訪れているのだろうか。来店した顧客が、店舗でいくら使って食事をしているのか。店舗の月商はいくらぐらいであろうか。まずは、このあたりの基礎データをみてみることにしたい。それでは、店舗形態別六店舗の客席数、来客数、客単価、前年比売上、日商売上をみてみたい。

菊名店舗は、幹線道路沿いで、大型商業施設に隣接し、大型商業施設を利用する顧客が数多く店に流れてくる。客席は四八席で一日の来客は、四七九名と六店舗の中で、来客数が最も多い。客単価も他の店舗より高く五三九円で、ヒアリングを実施した日は、昨年度同月同曜日比で、八六・五％の売り上げであったが、日商は二五八、一八一円を売り上げる。菊名店舗は、全国平均

表２－２　店舗形態別経営比較

	菊名店舗	赤野店舗	星咲店舗	河田店舗	山原店舗	亀岡店舗
店舗形態	大型商業施設隣接	住宅地区店舗	駅前隣接	幹線道路	商業地区店舗	商業施設内店舗
客席数	48席	38席	28席	29席	38席	35席
来客数(日)	479人	322人	237人	193人	298人	353人
客単価	539円	515円	472円	521円	482円	493円
前年比	86.5%	104.5%	107.9%	114.6%	137.9%	82.5%
売り上げ・日	258,181円	165,830円	111,864円	100,553円	143,636円	174,029円

（2013年２月実績、筆者によるヒアリング調査）

でみても、トップクラスの売り上げを叩きだしている。

住宅地区に店舗を構える赤野店舗は、店舗の周りには大きな商業施設はなく、店舗を利用する目的の顧客が集まる。客席は三八席で、来客数は、三二二名。客単価は、五一五円で前年比の一〇四・五％を売り上げて、日商一六五、八三〇円である。住宅地区であるので、休日の家族客の売り上げ割合が高くなる。

星咲店舗は、駅前に隣接し、通勤時間に店舗前の人通りは多い。駅前に隣接し、駐車場はない。顧客の大半が、駅を利用する徒歩客である。店舗前に自転車を停車して、店舗を利用している顧客もみかける。客席数は、他の店舗に比べて少なく、二八席である。店内もこじんまりとしている。駅を利用する人たちで、店舗前を通る人の数は、一番多いが、来客数は、二三七名である。客単価は四七二円と最も安価となり、前年比一〇七・九％の売り上げで一一一、八六四円である。駅前店舗は、移動時間中に立ち寄る顧客が多く、店内滞在時間も短く、そのことが客単価を下げている。

河田店舗は、幹線道路に面している。二車線の幹線道路は、交通量が多く、実際に運転していると、下り坂を降りた位置に店舗があり、店舗に入る際に、後部に続く車が気になり、店舗の駐車場に入りにくい印象がある。店舗の並びに、小規模の他業種が三店舗あるが、人通りは多くない。店内スペースも小さめで、駅前隣接の星咲店舗の二八席に次ぐ、二九席のみである。客単価は、五二一円と菊名店舗に次ぐ高さであるが、来客数が六店舗中一九三名と最も少ない。前年比で一一四・六％であるものの日商は、一〇〇、五五三円で最も少ない売上である。

山原店舗は、商業地区にあり、客層も近隣で働く従業員の姿が多い。客席は三八席で店内もゆったりとしたスペースである。来客数は二九八名で、客単価は四八二円である。ヒアリングを行った日は、前年比一三七・九％と六店舗中最も前年比売り上げを伸ばし、日商は一四三、六三六円である。

亀岡店舗は、大型商業施設内にあり、他の飲食店舗も多数施設内に店を構えている。客席数は、三五席で、来客数は三五三名である。亀岡店舗は、大型施設に顧客が数多く訪れるため、その顧客が食事をする際に、他の飲食店ではなく、亀岡店舗を選択してもらうことが、経営上の重要な課題となっている。客単価は、四九三円で、前年比八二・五％と売り上げを落としているものの、日商は、一七四、〇二九円である。

外側から一様にみえ、店内のスペースや設備もパッケージ化され均質化した丼家の売上は、店舗によって様々である。店舗の設備や提供する商品は同じでも、売上が異なる。星咲店舗が二八席で、菊名店舗が四八席であるように、店舗特性として、駅前隣接店舗は、大型商業施設隣接店舗より席数が少ない傾向にある。席数は、店舗の広さに比例するので、客席数についてはこのように理解できる。だが、客席数や客単価、前年比、売上については、店舗形態による特性から傾向を導き出すことは難しい。というのも、店舗がどのようにマネジメントされているかによるからである。その違いは、第4章で明らかにしていく。

3 売上の実績

菊名店舗での二〇一〇年の一ヶ月間の売上実績をみていくことにしたい。一日の売上の平均は、二二六、八三六円で、ランチの時間帯が七六、八二五円で全体の三四%、続く、ディナーの時間帯が六七、六五八円で全体の三〇%で、ランチとディナーの売り上げをあわせると、全体の売り上げの六四%を占めている。

次に、ナイト帯の売上が三一、〇八五円で全体の一四%、ランチとディナーの間の時間のアイドルの売上が二六、二二九円で、全体の一二%を占めている。残りは、モーニングが、一四、一七五円、サンライズが一三、二八一円である。モーニングやサンライズの時間帯も、他の時間帯と比べて売上金額は少ないものの、売上に貢献していることがわかる。二四時間営業を続けることの経営的な意味は、店を開けている限り、売上があがるという点にある。月間売上実績から見ても、そのことが裏付けられたといえる。

表２−３　菊名店舗　売り上げ実績月間（金額）（2010年11月　店舗調査）

	モーニング	ランチ	アイドル	ディナー	ナイト	サンライズ	日　計
月１	13,760	58,686	23,422	49,246	27,201	13,908	186,223
火１	8,502	62,432	22,809	58, 012	27,543	8,802	130,088
水１	6,304	66,980	20,223	42,103	26,110	13,402	175,122
木１	11,783	69,405	22,502	57,045	31,305	17,243	209,283
金１	7,803	49,665	22,879	64,087	30,121	14,004	188,559
土１	16,720	86,406	28,804	89,203	38,420	8,907	268,460
日１	29,907	96,103	48,573	78,908	46,398	13,242	313,131
月２	9,708	67,304	24,003	60,103	25,032	14,907	201,057
火２	9,254	67,807	23,304	55,203	27,034	15,023	197,625
水２	7,945	59,430	13,980	57,892	27,897	13,782	180,926
木２	14,785	71,023	18,023	61,803	32,143	19,560	217,337
金２	13,204	69,402	18,560	62,165	40,503	16,030	219,864
土２	15,609	99,422	37,034	88,045	36,304	7,695	284,109
日２	31,345	100,378	41.056	109,455	3,564	15,783	260,566
月３	1,022	75,983	22,684	68,903	28,495	7,314	204,401
火３	10,697	70,342	14,706	66,795	34,579	14,254	211,373
水３	13,456	78,594	34,596	66,798	35,403	13,405	242,252
木３	11,320	98,043	24,304	94,034	35,459	14,304	277,464
金３	17,945	85,304	39,454	63,450	39,805	15,304	261,262
土３	18,232	94,508	38,406	43,405	32,045	12,304	238,900
日３	18,243	91,203	37,495	64,204	26,934	17,209	255,288
月４	11,230	69,034	22,304	59,034	26,304	12,340	200,246
火４	12,305	78,342	25,608	63,204	27,987	11,107	218,553
水４	14,304	68,304	23,304	65,045	29,034	12,032	212,023
木４	14,506	52,304	22,304	65,934	23,405	13,405	191,858
金４	21,263	64,304	39,405	63,440	42,304	12,203	242,919
土４	14,405	89,034	27,304	80,304	33,204	13,203	257,454
日４	21,345	111,345	38,394	86,945	35,845	11,203	305,077
合計	396,902	2,151,087	734,425	1,826,753	870,378	371,875	6,351,420
平均	14,175	76,825	26,229	67,658	31,085	13,281	226,836

表 2－4　赤野店舗　売り上げ実績月刊（来店数）（2011年 9 月　店舗調査）

	モーニング	ランチ	アイドル	ディナー	ナイト	サンライズ	日　計
月 1	28	88	29	54	41	28	268
火 1	15	93	28	69	38	24	267
水 1	8	100	31	54	35	24	252
木 1	17	102	29	61	39	30	278
金 1	18	89	39	75	41	28	290
土 1	28	114	41	92	46	14	335
日 1	44	116	52	79	51	17	359
月 2	23	108	31	70	32	37	301
火 2	18	109	33	65	38	21	284
水 2	18	93	26	75	39	30	281
木 2	27	105	32	68	35	35	302
金 2	26	116	34	81	51	32	340
土 2	23	114	51	90	43	15	336
日 2	50	112	42	11	46	30	291
月 3	2	120	41	81	46	14	304
火 3	18	102	27	75	47	23	292
水 3	25	111	50	78	47	27	338
木 3	17	123	36	99	47	27	349
金 3	28	106	54	68	50	28	334
土 3	30	114	54	54	40	20	312
日 3	24	92	45	63	38	24	286
月 4	20	104	38	68	36	14	280
火 4	28	89	28	71	37	18	271
水 4	29	96	34	68	33	16	276
木 4	34	101	35	67	40	17	294
金 4	38	93	45	80	52	20	328
土 3	21	93	35	74	41	23	287
日 4	31	111	34	77	45	21	319
合計	688	2914	1054	1967	1174	657	8454
平均	24.6	104.1	37.6	70.3	41.9	23.5	301.9

4　店舗の構成

菊名店舗は、主婦店員が七名、フリーター店員が九名、学生店員が一〇名、高校生店員が二名、社会人店員が一名からなる合計二九名の店員を抱えている。そのうち、一四名が男性、一五名が女性である。一七歳の女子高生から五二歳の男性フリーターまで、幅広い年齢層の店員が勤務し、店員の平均年齢は三二・四歳である。勤務時間は、午前中から夕方までの時間を主に主婦店員が占め、夕食から深夜早朝までの時間帯を学生店員やフリーター店員とが勤務している。勤務日数は、週一勤務から週六勤務の店員まで様々である。店員の勤務年数は、一ヶ月以下のものから五・三年勤務しているものがいる。二九名の平均勤務年数は、一・七七年であり、一年以下のものは、一三名在籍している。

菊名店舗は、昼間の時間帯責任者を四一歳の主婦店員（ＡＣ1）が担当し、夜間の時間帯責任者を店舗最年長者である五二歳のフリーター店員（ＡＣ14）が担当している。二人ともに、週に六日勤務し、勤務年数もＡＣ1は五・三年、ＡＣ14は、四・四年と他の店員と比較して、長く勤務している。

赤野店舗は、主婦店員が五名、フリーター店員が五名、学生店員が七名、高校生店員が一名からなる合計一八名の店員を抱えている。そのうち、一一名が男性、七名が女性である。一六歳の女子高生から六九歳の男性フリーターまでが勤務し、店員の平均年齢は二九・四歳である。勤務時間は、

表2－5　菊名店舗の店員構成

	性　別	年　齢	種　別	勤務時間	勤務日数／週	勤務年数
AC 1	女	41	主婦	8 -17	6	5.3
AC 2	女	41	主婦	8 -15	5	1.7
AC 3	女	28	主婦	9 -17	2	1.7
AC 4	女	32	主婦	10-14	3	1.3
AC 5	女	37	主婦	10-14	4	4.3
AC 6	女	43	主婦	10-17	1	0.1
AC 7	女	30	主婦	10-14	4	0.1
AC 8	男	23	フリーター	8 -17	6	0.7
AC 9	男	25	フリーター	8 -17	6	0.8
AC10	女	27	フリーター	8 -17	6	1.7
AC11	女	29	フリーター	8 -17	4	1
AC12	男	22	フリーター	2 -22	5	1.8
AC13	女	24	フリーター	2 -22	5	1
AC14	男	52	フリーター	8 -22	6	4.4
AC15	男	48	フリーター	8 -22	6	2.8
AC16	女	29	フリーター	8 -22	4	0.9
AC17	男	25	学生	9 -15	1	2.3
AC18	女	23	学生	10-17	4	4.3
AC19	男	20	学生	12-17	1	1.3
AC20	男	19	学生	17-22	4	1.2
AC21	男	19	学生	17-22	4	1
AC22	女	18	学生	17-22	4	0.5
AC23	男	19	学生	2 -22	1	0.7
AC24	男	19	学生	2 -22	3	1.1
AC25	男	18	学生	2 -22	1	0.1
AC26	男	19	学生	8 -22	5	3
AC27	女	17	高校生	17-21	1	1.9
AC28	女	17	高校生	17-21	3	0.4
AC29	男	24	社会人	2 -22	3	0.5

表2－6　赤野店舗の店員構成

	性　別	年　齢	種　別	勤務時間	勤務日数／週	勤務年数
BC 1	女	36	主婦	8 -17	5	0.3
BC 2	女	31	主婦	8 -17	5	0.6
BC 3	女	32	主婦	8 -17	5	0.6
BC 4	女	19	主婦	8 -17	3	1.1
BC 5	女	28	主婦	8 -17	6	0.2
BC 6	男	69	フリーター	5 - 9	6	0.8
BC 7	男	47	フリーター	17-23	4	0.5
BC 8	男	35	フリーター	2 -22	2	0.3
BC 9	男	46	フリーター	8 -22	5	0.3
BC10	男	32	フリーター	8 -22	4	0.8
BC11	男	20	学生	17-22	3	0.2
BC12	男	21	学生	17-22	4	2.8
BC13	女	18	学生	17-22	5	0.9
BC14	男	20	学生	17-23	4	0.2
BC15	男	19	学生	17-23	2	0.1
BC16	男	21	学生	17-23	1	1.4
BC17	男	19	学生	17-23	4	0.5
BC18	女	16	高校生	10-14	2	0.3

午前中から夕方までの時間を主に主婦店員が占め、夕食から深夜早朝までの時間帯を学生店員やフリーター店員とが勤務している。

勤務日数は、週一勤務から週六勤務の店員まで様々である。店員の勤務年数は、一ヶ月以下のものから二・八年勤務しているものがいる。赤野店舗で勤務歴が一番長いのは、男子学生店員のBC12である。主婦店員の勤務歴も、〇・三年から一・一年と浅いことも特徴である。一八名の平均勤務年数は、〇・六六年であり、一年以下のものは、一五名が在籍し、八割の店員が一年以下の勤務経験である。

菊名店舗では、昼間の時間帯責任者を四一歳の主婦店員（ＡＣ１）が担当し、夜間の時間帯責任者を店舗最年長者である五二歳のフリーター店員（ＡＣ14）が担当していたのに対して、赤野店舗では、時間帯責任業務をこなせるアルバイト店員が不在である。

星咲店舗は、主婦店員が六名、フリーター店員が三名、学生店員が九名、高校生店員が五名、社会人店員が二名からなる合計二五名の店員を抱えている。そのうち、九名が男性、一六名が女性である。一六歳の女子高生から四五歳の主婦店員まで、幅広い年齢層の店員が勤務し、店員の平均年齢は二七・七歳である。勤務時間は、午前中から夕方までの時間を主に主婦店員が占め、夕食から深夜早朝までの時間帯を学生店員やフリーター店員とが勤務している。店員の勤務年数は、一ヶ月以下のものから六・〇年勤務しているものがいる。二五名の平均勤務年数は、一・五二年であり、一年以下のものは、一五名在籍している。

河田店舗は、主婦店員が七名、フリーター店員が三名、学生店員が三名、高校生店員が四名からなる合計一七名の店員を抱えている。そのうち、八名が男性、九名が女性である。一六歳の男子高生から五七歳の主婦店員まで、幅広い年齢層の店員が勤務し、店員の平均年齢は三一・九歳である。勤務時間は、午前中から夕方までの時間を主に主婦店員が占め、夕食から深夜早朝までの時間帯を学生店員やフリーター店員とが勤務している。勤務日数は、週二勤務から週五勤務の店員まで様々である。店員の勤務年数は、一ヶ月以下のものから六・四年勤務しているものがいる。一七名の平均勤務年数は、二・六九年であり、一年以下のものは、五名と他店舗と比較して、勤務歴が長いの

表2-7　星咲店舗の店員構成

	性　別	年　齢	種　別	勤務時間	勤務日数／週	勤務年数
CC 1	女	35	主婦	8 -15	6	6
CC 2	女	44	主婦	10-14	4	1.1
CC 3	女	44	主婦	11-13	3	0.1
CC 4	女	35	主婦	11-13	3	0.2
CC 5	女	38	主婦	11-16	4	0.5
CC 6	女	45	主婦	12-17	6	6.3
CC 7	女	30	フリーター	17-22	4	1
CC 8	男	39	フリーター	2 -22	2	0.1
CC 9	男	44	フリーター	2 -22	4	0.7
CC10	女	18	学生	10-14	5	3.1
CC11	男	19	学生	10-17	4	3.6
CC12	女	18	学生	10-17	5	2.9
CC13	女	20	学生	17-22	4	2.1
CC14	男	17	学生	17-21	2	1.1
CC15	女	19	学生	17-22	1	0.9
CC16	女	18	学生	17-22	3	0.5
CC17	男	23	学生	2 -22	4	2.8
CC18	男	20	学生	2 -22	2	0.9
CC19	女	17	高校生	17-21	2	0.2
CC20	女	18	高校生	17-22	2	0.2
CC21	男	18	高校生	10-17	3	2.1
CC22	女	18	高校生	17-21	2	0.2
CC23	女	16	高校生	17-21	3	0.1
CC24	男	44	社会人	2 -22	1	1
CC25	男	36	社会人	2 -22	5	0.3

表２−８　河田店舗の店員構成

	性　別	年　齢	種　別	勤務時間	勤務日数／週	勤務年数
DC 1	女	41	主婦	8 -15	5	6.4
DC 2	女	57	主婦	8 -15	3	2.8
DC 3	女	54	主婦	10-17	3	2.4
DC 4	女	37	主婦	10-17	3	0.5
DC 5	女	41	主婦	10-17	5	6
DC 6	女	42	主婦	10-17	5	2.9
DC 7	女	56	主婦	8 -22	3	5.3
DC 8	男	27	フリーター	2 -22	4	5
DC 9	男	23	フリーター	8 -22	3	3.9
DC10	男	33	フリーター	8 -22	3	2.8
DC11	男	20	学生	17-22	4	0.7
DC12	男	20	学生	17-22	2	0.1
DC13	女	21	学生	1 -22	2	1.9
DC14	男	17	高校生	17-21	2	1.8
DC15	女	19	高校生	17-21	2	1.5
DC16	男	18	高校生	17-21	4	0.8
DC17	男	16	高校生	17-21	4	1

が特徴である。

　山原店舗は、主婦店員が七名、フリーター店員が三名、学生店員が五名、高校生店員が二名からなる合計一七名の店員を抱えている。そのうち、一〇名が男性、七名が女性である。一六歳の男子高生から四二歳の男性フリーターまでが勤務し、店員の平均年齢は二三・九歳である。勤務時間は、午前中から夕方までの時間を主に主婦店員が占め、夕食から深夜早朝までの時間帯を学生店員やフリーター店員とが勤務している。勤務日数は、週一勤務から週六勤務の店員まで様々である。店員の勤務年数は、一ヶ月以下のものから四・〇年勤務しているものがいる。一七

表2-9　山原店舗の店員構成

	性　別	年　齢	種　別	勤務時間	勤務日数／週	勤務年数
EC 1	女	22	主婦	8 -17	4	4
EC 2	女	37	主婦	8 -17	4	3.5
EC 3	女	34	主婦	9 -17	4	3.8
EC 4	女	34	主婦	10-14	3	0.3
EC 5	女	24	主婦	10-14	2	0.3
EC 6	女	23	主婦	10-17	2	0.5
EC 7	女	24	主婦	2 -22	2	1.9
EC 8	男	17	フリーター	9 -17	4	0.5
EC 9	男	20	フリーター	2-22	4	3.7
EC10	男	42	フリーター	2 -22	2	3.8
EC11	男	19	学生	5 - 9	2	1.8
EC12	男	19	学生	17-22	4	1.8
EC13	男	18	学生	17-22	3	0.5
EC14	男	20	学生	2 -22	2	2.8
EC15	男	20	学生	5 -22	2	0.3
EC16	男	16	高校生	17-21	3	1.2
EC17	男	17	高校生	17-21	3	1.2

名の平均勤務年数は、一・八八年であり、一年以下のものは、六名在籍している。

亀岡店舗は、主婦店員が六名、フリーター店員が四名、学生店員が九名からなる合計一九名の店員を抱えている。そのうち、一〇名が男性、九名が女性である。一八歳から五一歳の主婦店員まで、幅広い年齢層の店員が勤務し、店員の平均年齢は二六・六歳である。勤務時間は、午前中から夕方までの時間を主に主婦店員が占め、夕食から深夜早朝までの時間帯を学生店員やフリーター店員とが勤務している。勤務日数は、週一勤務から週五勤務の店員まで様々である。店員の勤務年数は、三ヶ

表２-10　亀岡店舗の店員構成

	性別	年齢	種別	勤務時間	勤務日数／週	勤務年数
FC 1	女	26	主婦	8-15	4	3.4
FC 2	女	35	主婦	8-17	4	2.3
FC 3	女	37	主婦	10-14	3	2.7
FC 4	女	51	主婦	11-17	4	0.9
FC 5	女	43	主婦	11-17	3	0.3
FC 6	女	50	主婦	2-22	3	0.6
FC 7	男	18	フリーター	8-15	5	1.5
FC 8	女	25	フリーター	11-17	3	0.6
FC 9	男	23	フリーター	8-22	3	0.3
FC10	男	26	フリーター	8-22	5	2.6
FC11	男	18	学生	17-21	3	2.4
FC12	女	18	学生	17-21	4	2
FC13	女	20	学生	17-22	4	4.2
FC14	男	18	学生	17-22	2	0.8
FC15	男	19	学生	17-22	2	0.6
FC16	男	22	学生	2-22	2	2.7
FC17	男	19	学生	2-22	1	1.9
FC18	男	20	学生	2-22	2	2.7
FC19	男	18	学生	2-22	3	0.4

月以下のものから四・二年勤務しているものがいる。一九名の平均勤務年数は、一・七三年であり、一年以下のものは、八名在籍している。

全国で四、〇〇〇店舗を越える丼家が、一店舗どのような組織規模と組織体制で、経営を営んでいるか。私が実際に聞き込みをして、さらに可能な限り確認をして、調べ上げてきた六店舗のデータをもとに、その概略を浮かび上がらせてみよう。

店舗には、二〇名前後のアルバイト店員が所属し、その内訳で多いのが、七名程度が

表2-11　各店舗の店員構成

	店員数	主　婦	フリーター	学　生	高校生	社会人	平均年齢	平均勤務年数
菊名店舗	29	7	9	10	2	1	32.4	1.77
赤野店舗	18	5	5	7	1	0	29.4	0.66
星咲店舗	25	6	3	9	5	2	27.7	1.52
河田店舗	17	7	3	3	4	0	31.9	2.69
山原店舗	17	7	3	5	2	0	23.9	1.88
亀田店舗	19	6	4	9	0	0	26.6	1.73
丼　家	20.8	6.3	4.5	7.2	2.3	0.5	28.65	1.71

在籍する学生店員である。次に、とくに、主婦店員が六名程度在籍し、朝方から昼間の時間帯に勤務している。主婦店員や学生店員が、勤務希望時間が固定されている傾向があるのに対して、四から五名在籍するフリーター店員が店舗を支えている。フリーター店員は、シフトの欠員がでるときは、シフトの手薄な深夜帯にも勤務可能であり、二四時間経営には欠かすことができない。その他には、高校生店員や他に職を持つ、社会人店員が若干名在籍している。

丼家に勤務する店員の平均年齢は、二九歳弱で、平均勤務年数は、約一・七年である。つまり、丼家の経営に携わることになる店舗マネジャーは、平均三〇歳に満たない若い労働力なる二〇名程度のアルバイト店員をマネジメントして、二四時間店舗を営業していくことになる。アルバイトという特性から、勤務年数が二年未満の店員をまとめていかなければならない。

丼家は、本社のトップマネジメント組織、店舗経営に携わるミドルマネジメント組織、そして、店舗で働く現場の店員から組織が構成されている。一つの店舗が孤立して存立するわけではなく

表２-12　職位別管理責任対応表

	管理店舗数	面接数／月	教育対象	シフト管理	衛生管理	メンテナンス	クレーム
店舗責任者（時間帯責任者）	１店舗	３人	店舗店員	２週間シフト作成	衛生管理表作成	１店舗	1.5件
店舗管理職（店舗マネジャー）	１-２店舗	６人	店舗責任者２人	シフト承認・修正	衛生管理表作成	２店舗	５件
地区管理職（エリアマネジャー）	３-10店舗	15人	店舗管理職５人	シフト承認・修正	衛生管理表作成	５店舗	10件
広域管理職（スーパーバイザー）	約50店舗	150人程度	地域管理職15人	シフト承認・修正	衛生管理表作成	50店舗	100件

て、絶えず、地理的に近距離の店舗、エリアマネジャーの担当店舗、あるいは、売上が同等規模の店舗間で、様々な情報の共有、店舗の改善をしていくために、連携がなされている。

一店舗としての丼家は、時間帯責任者をつとめる店舗責任者と店舗の経営全般に携わる店舗管理職である店舗マネジャーとの連携プレイによって営まれている。その店舗マネジャーと常に連携をとりながら、店舗の経営を総合的にマネジメントするのが、地区管理職であるエリアマネジャーである。エリアマネジャーは、三店舗から六店舗程度を担当し、店舗の売上の管理から、新人店員の採用まで、ありとあらゆる店舗のマネジメントを統括し、店舗マネジャーをバックアップしている。地区管理職であるエリアマネジャーが、ローカル店舗の店舗管理責任を負う。地域管理職であるスーパーバイザーは、担当店舗全体の店舗改善マネジメント業務を負う。

従業員は、店舗店員→店舗マネジャー→エリアマネジャー→スーパーバイザーと営業成績に基づき、昇進・昇給していく。スーパーバイザーからエリアマネジャーへといった降格人事も行われる。正社員であるエリアマネジャーは、担当地区がかわることもある。関東地区だと、都内の勤務から、千葉、茨城、神奈川、埼玉、へと移動することもある。関東から関西への転勤を伴う移動もある。

全国に張り巡らされた店舗は、階層化されたマネジャーネットワークによって統制されている。広域管理職であるスーパーバイザーは、全店問題への対策を打つ、売上の悪化している店舗の改善、マネジメントの仕組み・改善・改革の責任を負う。利益率の高いセットメニューの販促に重点をおき、一度だけでなく何度も足を運んでくれるリピーター層の顧客獲得が欠かせない。その売り上げを達成できた結果は他店舗の店員にメールして、他店舗をライバルや目標として意識させていく。次第に、他店舗からメール連絡が入るようになり、自然に競争するようになってくる。

5　勤務の形態

より詳しく、一人のエリアマネジャーの勤務形態をみていくことにしたい。六店舗の複数店舗のマネージメントをしている三八歳契約社員の山口文香マネジャーである。山口は、高校在学時より外食産業の接客業務に携わってきた。高校時代には、大手ファミリーレストランのウエイトレスとして、週に四日約一年間、アルバイトをしてきた。その後、飲食業界の別系列のファミリーレストランで二年間接客業務に携わってきた。このときは、正規社員と同じように社員旅行などにも同行するほど、職場の同僚達との信頼関係を構築していた。高校を卒業すると、大手百貨店の紳士服売り場で正規社員として勤務する。勤務形態は各週三日制をとり、午前九時から午後五時までと、午後一一時から午前七時までのシフトで勤務した。五年を経過し、出産を迎えるときに離職した。それからは、二人の子を育て、五年間育児に専念する。

育児期間での短時間労働のシフトに対応したのが、マクドナルドであった。マクドナルドで約六年間、非正規社員として勤務する。この店舗で、山口は店舗マネジャーの経験を積んでいくことになる。その後、本書でとりあげる、丼家の契約社員、店舗マネジャーの仕事に就く。この職場に勤務して、五年が経過している。複数店舗マネジャーは平均四から八店舗を担当し、さらに、地区統括の店舗マネジャーになると二十数店舗から三〇店舗ほどの店舗を管理している。

管理職として四年目を迎える山口は、土曜日を除く、週に六日、午前八時から午後三時までの平均一日七時間、店舗に勤務している。週の平均労働時間は、四二時間である。それ以外に、店舗マネジャーを対象とした定例会議が週に一度三時間行われる。加えて、地域の店舗マネジャーをあつめた地区会議が別の曜日に週に一度、三時間程度行われる。これらの定例会議への参加以外に、新システムの導入に関する現場研修や、担当店舗で生じた問題に対応するため、時間外に労働することも珍しくない。山口の週の平均労働時間は五〇時間前後におよぶ。総務省統計局の「労働力調査年報（基本統計）」によると、非農林業の週間平均就業時間は、二〇〇八年で男性が四五・五時間で女性が三四・四時間であり、*4 山口の労働時間は女性の平均労働時間を一五から一六時間程度上回っている。単純に計算して、月の平均労働時間は、六〇時間程度平均労働時間をこえた過密勤務となっていることがわかる。

　非正規従業員の週間就業別労働人口をみると、二〇〇九年で週に一から三四時間の就業時間の非正規従業員は一、〇一三万人(内訳：週一時間から一四時間は、二一〇万人、週一五から二九時間が、五八三万人、週三〇から三四時間が二一八万人)で、週に三五時間以上就業する労働者は、六六五万人(内訳：週三五から三九時間は、一六四万人、週四〇から四八時間は、三九七万人、週四九時間以上は一〇三万人)である。[*5] このように非正規従業員の就業時間の内訳でもっとも少数セグメントに分類される一〇三万人の中に山口は位置づけられる。

　この就業時間の中で山口は、「(昼食などのための)休憩時間」を設けていない。顧客の目に触れない事務室でも、他のアルバイト店員の相談を受けたり、職場での技能に関する補足的な説明に追われるのが常である。朝八時に現場に入ってから午後三時過ぎまで、調理と接客、電話対応、発注、売り上げ精算の作業を次々とこなしていく。そうした中で、ミンツバーグも述べているように、マネジャーの立場にいるものは、「勤務時間が終わっても、自分の職位に備わっている権力とか地位を意識する環境からは逃れられないだろうし、常に新しい情報を探索すべく、しっかりと訓練されてきた自分自身の心からも逃げられないのである」(ミンツバーグ 一九九三：五二)。「職務を忘れて自由になることはありえず、ほんのひとときたりとも、他に自分のできることはもうなにもないというこ とに気づく喜びも味わえない」(ミンツバーグ 一九九三：五三)というほどのものではない。店舗マネジャーも他の管理職と同様に、「大量の仕事を休みなく遂行し、自由な時間はほとんどなく、職務が頭から離れない傾向」(ミンツバーグ 一九九三:五二)がみられるのである。

マネジャーの仕事が、勤務時間中、休憩時間なしで働き続け、週に五〇時間を越える過密労働になっていくのは、「職務がもともと終わりなき性質」(ミンツバーグ 一九九三:五二)のものであるからである。エリアマネジャーの担当店舗でなければ、たとえ、距離が近い店舗であっても、基本的には、必要以上の情報を共有したりしないし、店員がヘルプにいったりすることはない。逆に、地理的には離れていても、エリアマネジャーの担当店舗であれば、店舗の店員が、電車や車でヘルプに向かうことは珍しくない。二四時間営業を続けていくことは、店員の柔軟な対応と動きが欠かせない。店舗売り上げが、一時間ごとに本部コンピューターに届けられる。週内の売り上げの変化や、昨年度との売上比率など、常に、結果と向き合わせて働いていく。こうした職務を全うする際に、山口は、「自分を極力出さないようにしている。その日の体調や気分を持ちこまない。同じテンションとモチベーションでいることを常に心がけている」という。加えて「テンションやモチベーションにムラがあると職場店員に伝染していく」とも述べた。すでにチェスター・バーナードが「管理職の仕事は組織の仕事ではなく、組織運営を維持するという専門職」(ミンツバーグ 一九九三:一五二)であり、ブレイブルックが「マネジャーは組織のシステムが不完全であるがゆえに必要」(ミンツバーグ 一九九三:一五二)であることを明らかにしているように、組織の不安定性や不完全性に対して、終わりなきマネジャーの仕事に携わるには、「自己の徹底したコントロール」が不可欠となってくる。

6　昇進の軌跡

「マネジャーを指揮者とみるか、操り人形に見立てるかは、マネジャーがどのように自分自身の用事を管理しているかによる」（ミンツバーグ 一九九三：八三）と述べられている点について、山口の管理職としての専門的な職能についてみていく。[*6]

その前提として、管理職が持つとされる特有のパーソナリティについて次のような表記がある。「マネジャーは自分の仕事のもつ現実性に促されて特別なパーソナリティを育てるのである。すなわち、仕事をしすぎたり、やっつけで仕事をすませてしまうこともあり、時間をムダにしないようにすることもあり、参加する価値が確実に思えるときにだけ参加する場合もあり、どんなことにも深入りしないようにするというパーソナリティである。ものごとを表面的にすませてしまうことは、間違いなく、マネジャーという仕事の職業病である」（ミンツバーグ 一九九三：五九）。この特有のパーソナリティという捉え方を本書では留保したい。山口への聴き取りや私の観察調査でも、店舗マネジャーがその特有性として「物事を表面的にすませてしまう」パーソナリティであることは確認されない。

だが、「自分の諸活動のごくわずかな部分でしか積極的なコントロールを行使できないような」（ミンツバーグ 一九九三：八二）特性をもつマネジャーの職務を全うしていくなかで、「適応型の情報操縦者を育て、進行中の具体的な状況を好むようになること。マネジャーは刺激――反応という環境のなかで仕事をしており、その仕事を通じて、即時的活動をはっきりと好むようになる」(ミンツバーグ 一九九三:六四)傾向はみられる。ゆえに、「活動の現在性、具体性、明確性、非常軌性にひかれる(ミンツバーグ 一九九三:八五)」といったマネジャーの特性をパーソナリティとして捉えるのではなく、職務に適応するために習得していく技法として考えてみたい。

山口が店舗マネジャーとしての技法を身に付けた原体験は、マクドナルド社に非正規社員として勤務していた六年間の経験にある。マクドナルド店舗は、店舗立ち上げの新規従業員を募集していた。正規社員は一名で、非正規社員が二〇名。店舗開店前から、面接を通過した二〇名の店舗事前共同研修と各店舗での一週間程度の実地研修を重ねた。店舗研修をおえて、店舗のグランド・オープンを迎える。グランド・オープンは各店舗で活躍している正規社員が補充店員として派遣されてくる。「このグランドオープンのときの緊張感は忘れない、接客経験はあったから、接客用語が出ないとかはないけど、上の空で話しているという感じだった」と振り返る。

山口はこの研修期間に適性をみられ、働き始めたら、アルバイトのスキル研修を担当するスイングトレイニーだと言われたという。他の一九名の中からスイングトレイニーに選ばれた理由は「今でもわからない」と述べるが、それにより店舗マネジャー候補生として職場訓練を積んでいくことになる。スイングトレイニーは、マクドナルドの店舗マネジャーとなるスイングの候補生となる。スイングトレイニーが新宿にあるマネジャー養成人材育成機関であるマクドナルド大学で研修を受け、管理職認定試験を通過することで、スイングに昇格する。マクドナルドに勤務を始めたころは、九時から午後一時までの四時間勤務であったが、マネジャー業務を担うようになり、次女も三歳を迎えたころから、朝八時から午後四時までの八時間勤務になった。娘を朝早めに幼稚園に送り、勤務地の店舗に向かい、仕事後、娘を迎える日々を過ごした。

マクドナルドのスイングは、現在、山口が勤めている丼家の店舗マネジャーの職務と比べて、「仕事の責任が軽かった」という。マクドナルドの店舗には正規社員が常駐し、組織運営に関する重要業務は正規社員の店舗マネジャーが担ってきた。マクドナルド店舗は、マクドナルド社が経営を担う直営型店舗とオーナー業務を委任したフランチャイズ型店舗に分類され、山口が勤務していたのは直営型店舗であり、本社から正規社員が派遣され、本社主催の会議等にも管理者は参加することが義務付けられていた。こうした直営型店舗では、スイングに就任しても、後述する六つのマネジャーの職務特性の中で、③の組織の戦略政策システムに責任を持つこともなければ、⑤の組織と外部環境をつなぐ重要なリンク役割を担うこともない。①のマネジャーの第一目的である、特定商品やサービスの能率的生産を達成していくことや②の安定的な組織業務のデザインと維持を担う役割を一応は担っているが、実態としての役割は少ない。山口によるとマクドナルドのシステムが徹底的に、効率的かつ合理的に組織化されているがゆえに、マネジャーとしての意思決定の自由度が極めて低いのだという。言わば、店舗従業員を「駒」として機能させる仕組みが組織化されているのである。店舗マネジャーの正規社員の同一店舗の勤続期間が短いことも特徴であり、上司が定期的にかわるなかで、同一の勤務を続けていくことをこころがけてきたという。

スイングとして④組織を統制している人たちの目的達成にかなうように取り組んでいかなければならない。そのためには、「組織の日常業務に深く関与し、マネジャー自身も業務に密着し監督していく。必要が生じれば、自ら誰かの穴を埋める用意ができていなければならない」(ミンツバーグ 一九九三:一七〇)のである。これは山口がマクドナルドのスイングとして勤務していたときにも、現職の丼家のマネジャーを勤めているときにも行っていたのだが、「代理オペレーター役(ミンツバーグ 一九九三:一七四)」を引き受け、従業員の欠勤、顧客ピーク時間帯やシーズン、特割り期間等の補充要員として、自らその職務に就く準備をしておかなければならない。

スイングは、「シフト編成時に、フロアコントロールがイメージできるかどうかが重要」であると山口は述べる。マクドナルドの店舗従業員は明確な分量体制ができている。商品のストック量も計測しながら、従業員のトップで指示を出していくイニシエーター、従業員間の業務を繋いでいくアッセンブラー、顧客集中時のみに従業員補佐として入るチェイサー、業務を繋ぎ商品提供をしていくファイナルアッセン、フロント業務とフライドポテトを揚げる係のポテラー、顧客接客のカウンターパーソン、厨房で作業に従事するオペレーションパーソン(厨房作業者)、などから構成される。

マクドナルドの従業員組織は、①店舗運営スキルと数値責任が問われる、スイング、②スイングになるためのトレーニングを積む、スイングトレーニー、③従業員のトレーニングとトレーナーの教育を担当する、トレーナー、④トレーナーになる為に教育を受ける、トレーニングトレーニー、⑤顧客のホスピタリティのサービスを専門とする、スター（ちなみに、スターは制服がお洒落であることから、高校生アルバイト店員の憧れ的職位であるという）、⑥数値責任は問われないが、全ての作業をこなせる、A店員、⑦笑顔での対応ができ、アッセンブルができる、B店員、⑧カウンター作業ができ、ストッカーができる、C店員、⑨トレーナーのフォローを必要としなくなる、トレーニー、というように階層構造化されている。

マネジャーは、このすべての分業業務ができることは当然のこととされ、従業員個々の動きをみながら的確に組織統制をしていく。とくに、マネジャーは接客担当である「カウンターパーソン」と調理担当である「厨房」をつなぎ、「フロアをコントロール」していくのである。マクドナルドでは、非正規社員の職場訓練を担当する社員トレーニーには志願することでなれるが、スイングは、「志願してなることはできず、マネジャーからの推薦がなくてはなれない」。

スイングがマネジャーの特有職務として携わる⑥組織の地位体系を操縦する業務にシフトの編成がある。マクドナルドのシフト管理システムは、店舗予算を入れて、店員の基本希望シフト情報を入力していくと、自動にシフトが組まれていく。このオートメーションシステムは非常に優れていて、マネジャーは店舗従業員の希望シフトを入力するだけでいい。このシフト編成業務は二週間に一度、合計四時間程度の作業であった。このときに「フロアーコントロール」のイメージができることが重要なスキルであるのだという。

スイングとして五年間勤務した後、山口は現在の丼家の新規開店を新聞広告でみつける。転職理由は、マクドナルドよりも自宅から近接であることと、マクドナルドでは自分と同じように働くことのできるスイングを育ててきて、「私がいなくても、店舗はまわる」と感じていたからだという。これまでに五つの職場を経験している山口は、転職時の思いとして「仕事の刺激がなくなると、働くことに対する充足感が減ってしまう。他に何か、欲するようになる」と述べ、「仕事がつまらないとか、職場に行きたくないという理由ではないけども、違う環境で働いてみたくなる」のだという。

丼家の面接では「マクドナルドのスイング」であるというキャリアが一目置かれ、即採用に至った。外食産業の店舗マネジャーの中でもマクドナルドでのマネジャー経験は、高く評価される。山口は自身の経験的知見をもとに、「今勤めている丼家の管理マネジャーは、マクドナルドへのスイングになることはできないであろう」と述べる。マクドナルドの仕事量は現在の仕事場とは比較にならないほど多く、「マクドナルドは、身体的に疲れる。動き続け、ほんとうに疲れるのに対して、丼家は、調理場が熱くて疲れるというような感じ」だと述べる。

この多忙を極めるマクドナルドの勤務経験を通じて、「右脳と左脳の機能を感覚的にわけ、目で認識した瞬間に、手が動くようにする。考えるのではなくて、機械的に動かす。視覚から情報を収集し、身体を機械的に動かしながら、店員と全く異なる話をしていく」ような作業スキルを身につけたという。

店舗マネジャーとしての同時作業遂行スキルにより、「全く種類の異なることを二つでも三つでもできるようになる。洗濯して、掃除して、料理をしていく作業においてもいかせる」のだという。山口が振り返るのは、「店舗マネジャーの作業がきわめて生産的であるということに気がついてから、家事能力が格段に効率的になった」という。家事にマネジャー的業務スタイルを導入し、優先順位を的確につけながら、同時作業を行っていくことで家事そのものの生産性を高めている。

山口の店舗マネジャー経験で特徴的なのが、マクドナルド店舗でも、現職の赤野店舗でも新規店舗開業に携わっていることである。山口は「マクドナルドで勤務した店舗が新規開業店舗であったことは幸運だったと思っているが、現職は新規開業店舗だから面接を受けた」のだという。というのも、店舗のグランド・オープンに立ちあうことの緊張感や経験の濃さ、事前研修を一緒にうけた同僚達との一体感があるからだという。グランド・オープンの店舗に携わることができるのは、それほどに意味のあることなのだ。

赤野店舗に採用が決まると、採用された非正規社員は、他店舗での実地研修に参加する。その研修では、様々な事を吸収するが、個人で派遣されていることもあり、その研修期間に「随分と精神的にまいってしまう」社員がいるという。その後、新規開業をする店舗で一週間の集中的な実地職場訓練を行う。この実地訓練には専任のトレーナーが店舗での研修を担当する。この実地研修のシステムは、「マクドナルドの実地研修とは比べ物にならないほど、優れていた」と山口は述べる。

そうした集中的な実地研修をおえてグランド・オープンを迎えた赤野店舗は、オープン当初、現在の売り上げの三倍を記録していた。半年間勤務した後に、マネジャー研修を受け、赤野店舗の店舗マネジャーに就任した。赤野店舗では、マクドナルド店舗のように正規社員が店舗に常駐するわけではないので、アルバイトの立場で精算業務をまかせられてきたという。「当初は様々な苦労があった。店員が店舗の経営に関わっているという意識を持ち、マネジャー業務を試行錯誤しながらでも実地で習得していくことができた」と山口は振り返る。

7 情報の伝達

マネジャーが利用している五つの情報伝達メディアとは、①郵便（文書によるコミュニケーション）、②電話（純粋に口頭によるコミュニケーション）、③予定外の会議（非公式の対面的コミュニケーション）、④予定に組み込まれている会議（公式の対面的コミュニケーション）、および、⑤現場観察（視覚によるコミュニケーション）である（ミンツバーグ 一九九三：六四）。

これらの情報伝達メディアは、丼家の店舗マネジャーにも同様に用いられている。従来の郵便での文書コミュニケーションは、メールやグループウエアのＷｅｂ掲示板にかわっている。丼家の現場では、郵便での連絡は皆無である。文書による連絡は、おもに、店舗設置の専用パソコンに店舗マネジャーのパスワードを入力し、会社グループウエアにアクセスすることでうけとる。本社からの連絡は、総務、人事、組織編成、日常業務・連絡に関するもので、一日平均五件程度である。通常、これらグループウエアでの文書連絡は、出勤時の八時と精算をおえ日付更新をおえた一一時の一日二回チェックする。マネジャー業務を教えている四人の店員は同じく、みることができる。ただ、このマネジャー業務を何人かの店員とシェアするやり方は、異例のやり方で、当初、本社社員から「何を考えているのだ」と疑問を持たれたという。

それ以外のより現場に関する直接的な連絡が、複数店舗を統括する地区管理職(スーパーバイザー)から送られてくる。地区管理職からは、担当地区店舗マネジャーの各携帯電話のアドレスに、一日一〇件程度連絡が入る。この地区管理職からの一括送信業務連絡が、店舗マネジャーの動きを統制していく。各店舗は監視カメラによって常に店内の様子の映像と音声が記録される送信される本部モニタリングの集中監視体制がとられている。現在は、会社本部から支給されている携帯電話を使い、国内全店舗に取り付けられた監視カメラのライブ配信動画を視聴し、店内の様子を確認することができる。顧客と店員との会話のやりとりを確認できるほど、高性能である。ただ、それぞれに店舗を担当している管理職が、日常的に他の店舗の様子をこのシステムを利用する機会はほぼない。

エリアマネジャーは、店舗マネジャーと諸々の連絡をする。連絡手段は、携帯での電話や、LINEを使う。連絡の時間は、早朝であることも、深夜になることもある。二四時間営業の店舗を経営していくのに不可欠なことは、いつでも連絡の取れる状態を維持していくことである。

8　関係の構築

店舗マネジャーの職務は、情報伝達の維持（情報の広範な流れや全般的混乱の中核）、地位階層システムの維持、総合職（ゼネラリスト）、専門職（スペシャリスト）、口頭コミュニケーション、戦略策定システムの掌握、短時間・多様性・断片的な仕事にその特性をまとめることができる。管理職の職務特性の中で、丼家の店舗マネジャーに特有なのが、正規社員との関係の取り方である。ここでの関係とは、①契約社員の店舗マネジャーと新卒正規社員との関係と、②契約社員の店舗マネジャーと正規社員の店舗統括職（店舗運営の直属の上司）との関係がある。

第一の関係性は、契約社員である店舗マネジャーが、正規社員の実地研修を担当していくという関係性である。店舗マネジャーの会合では、「この新卒社員は使えない。全然駄目だ」と苦言を漏らす者も少なくない。現場レベルでも、正規社員を軽視した職場訓練や勤務態度もみられる。山口は新卒の正規社員に自分や店舗従業員が組織として持っているスキルをすべて伝達していく。とくに配慮しているのが、新卒正規社員それぞれの良さを引き出すように職場訓練をしていくことである。とはいえ、正規社員であるから特別な対応をとるわけではなくて、他の非正規のアルバイト従業員と同じように現場で職能経験を積ませていく。こうした正規社員への手厚い職場訓練はその後山口にも好影響をもたらしていく。店舗マネジャーとして四年目を迎えているが、その間に店舗に研修にきた正規社員が、その後、本社に戻り、それぞれの役職に就くなかで、山口の実地研修や赤野店舗の様子を会議で取り上げるようになる。それによって契約社員店舗マネジャーの中では、異例のケースとして山口は統括本部のプロジェクトメンバーに推薦されるようになった。

第二の関係性は、店舗マネジャーの直属の上司との関係である。山口は「上司の担当が変わる日が、一番、気疲れする」という。店舗マネジャーと上司との二者間の仕事関係が理由なのではない。そうではなくて、「というのも、アルバイト店員が上司に拒否反応をしないように、気を配るから」なのだという。店舗マネジャーの上司は、店舗の売り上げ動向を総合的に判断していく。その総合的な判断の少なくない要素として、店舗従業員の監督業務がある。

店舗マネジャーは、①店舗で研修を積む正規社員、②店舗を総合的に監督する正規統括社員との関係性を適度に保ちながら、③現場の非正規アルバイト社員と信頼関係を構築している。丼家の店舗マネジャーは、店舗と統括本社に関連する従業員や社員と主要なネットワークを構築していく。その点で、他のマネジャーの人に当てはまる「自分が所属する組織の外部にじつに多様な人たちとの関係からなる複雑なネットワークをもっている」(ミンツバーグ 一九九三：七四)というよりは、「内部で同質なネットワーク」をもっている。[*7]

表2-13　マネジャーの職務特性

(1)　組織の財やサービスの能率的生産の確保	
マネジャーの第一目的は、組織にその基本目的、すなわち特定の商品やサービスの能率的生産、を確実に達成させなければならない。	
(2)　安定的な組織業務のデザインと維持	
組織業務をプログラムし、そのプログラムがきちんと決まった仕事の流れを確保しているかどうか監視しなければならない。	
(3)　組織を計画的な方法で変化する環境に適応	
マネジャーは組織の戦略策定システムに責任をもち、そのなかで統制された方法により変化する環境に組織を適応させていかなければならない。	
(4)　組織が組織を動かしている人たちの目的に役立つようにすること	
マネジャーは組織を統制している人たちの目的達成にかなうように確実に保証しなければならない。	
(5)　組織と外部環境をつなぐ重要なリンクとして働くこと	
マネジャーは組織と環境を結ぶ重要な情報リンクでなければならない。	
(6)　組織の地位体系を操縦すること	
マネジャーはその公式権限ゆえに、組織の地位体系を操作する責任がある。	

（ミンツバーグ 1973より筆者作成）

9　職務の特性

丼家の店舗マネジャーにおいて、六つのマネジャーの職務特性は次のようにみられる。

(1)店舗マネジャーは特定商品やサービスの能率的生産を確実に達成するために、店舗毎に明確な売り上げ目標を設定している。売り上げは一時間毎、前年と比較され、売り上げデータが緻密に分析されていく。期間限定の特定商品キャンペーンも店舗毎の売り上げが報告され、好売り上げを達成した店舗は表彰される。本書で取り上げている菊名店舗は、全国にあるグループ内店舗約五百店舗の中で、トップクラスの売り上げを達成する優良店舗である。店舗の能率的生産が他店舗より優れている。

店舗実績が他店舗より優れている理由は、①店舗へのアクセシビリティ、②同業種・異種の外食店舗との近接性、③店舗のキャパシティ、④店舗従業員のサービスの質、などが考えられるが、菊名店舗の特性はとくに④の店舗従業員のサービスの質の高さにある。数キロ以内にある系列同規模店舗の売り上げと比較して優れていることから、①店舗のアクセシビリティや②同業種・異種の外食店舗との近接性については、優良店舗の根拠にならないのである。ただ、③店舗のキャパシティについては、近接店舗以上に客席数が多いことは特徴である。加えて、駐車場スペースが十分に確保されていることもあり、都心部の徒歩客を対象とした店舗と比べても菊名店舗は、店舗と店舗駐車場の敷地面積が恵まれている。

これらの事から判断して、菊名店舗がグループ内全国トップクラスの売り上げ実績を残していることは、④店舗従業員のサービスの質が影響しているものと判断できる。この④店舗従業員のサービスの質を高めていく仕組みが、店舗マネジャーの職務特性の⑵安定的な組織業務のデザインと維持と直接関連してくる。菊名店舗が優秀実績をあげている理由について、山口は「店員の質の高さにある」と述べた。では、この店舗従業員の「質の高さ」はどのようにして生み出されるのであろうか。

これについては、山口の興味深い管理哲学がある。第一に、職場従業員の脱機械化を進めていくことである。山口は先にみたように、「店舗では自分を出さないようにしている」一方で、「同僚の店員を一つの「駒」として絶対にみないようにしている」ことを心がけている。丼家の店員は、サービスの即時性が最も求められる。そうであるがゆえに、機械的にかつ効率的に作業していくことがややもすると理想の形態であると考えられている。つまり、組織的な分業体制の中で、担当する作業を効率的にこなす労働の機械化をはかっていくことである。山口は「店員を管理するという立場にたつのであれば、店員を無個性の「駒」とみるので楽だともいえる。けれども、私が目指す店舗の経営は、その間逆の方向性を理想としている」と述べている。

こうした、逆転の管理哲学は、(2)の安定的な組織業務の中に具体的に組み込まれていく。たとえば、系列グループの店舗では、「サラダは一二時間がホールディングタイム」であるということがすべての食材に表記がされている。菊名店舗には、そのような表記は一切みあたらない。というのも、職場従業員にそのような基礎データを覚えさせるためである。基礎データを表記しないことで、店舗従業員全員がそのデータを共通了解事項として共有し、それをもとにした「確認作業の労働」ではなく、「考えに基づく生産的な労働」が可能になる。店舗従業員の脱機械化を図ることで、結果的に、サービスの効率的な提供につながっていく。

店舗従業員の脱機械化の過程について、山口は「マネジャーとしては、店員を徹底的に管理していくことで評価・成績があがる。これは賞与査定にも直結してくる。だから、マネジャーの多くは、管理を工夫し、強めることばかりを考えていく。でも、それでは店員はロボットになってしまう。それを避けるために、管理はしない、考えさせる。だから、マネジャーの評価は最初のころは低くなる。ただ、そこを我慢する。そのあとはよくなってくる。そのようにしていくと、従業員それぞれがマネジャー業務を理解し、主体的に考えるようになってくる。今の店舗店員ほど、職務スキルが高い店舗はない。それが、店舗の営業成績にも関わってきた」(二〇一二年一〇月五日)と述べた。

この店舗マネジャーが店舗従業員の管理を求める理由の背景には「マネジャーとしての自身の存在意義を守るために、マネジャー業務を他の店員に教えたがらない」ということがあるという。山口はこの点についても、逆転の経営哲学をもっている。マネジャー業務を信頼できる店員に積極的に教えていくのだという。通常のマネジャーが、自身の専門職としての既得権を守っていくなかで、業務過多に陥っていることを問題に捉え、マネジャー業務を一部共有していくのである。もちろん、この点に関しては、職務特性や従業員数、従業員との関係性等様々な要因が関連するので、山口の経営哲学が正しいものであるとは限らない。

けれども、マネジャー業務を伝達していくことで、「店舗に複数のマネジャーがいる組織」がつくられ、二四時間営業を続ける店舗の業務過多の分散と生産性の向上につながっている。直接的には、山口が欠勤する際にも、他の店員がマネジャー業務を問題なく代行できるのだ。その付加的な効果としては、店舗従業員が「店に雇われている一人の労働者という受動的な視点ではなく、自分が店舗運営に直接的に関わっているのだという積極的な視点で、現場の改善プログラムなどを提示する」ようにもなっていくのだという。

このマネジャー業務の一部共有の取り組みは、当初、本社の経営哲学とは間逆のものであると認識されていたが、菊名店舗の売り上げ実績の要因を分析していくなかで、この取り組みも評価されるようになり、現在では、マネジャー業務を他の従業員に伝達していくことが推進されるように変化してきた。こうした山口のマネジャーとしての姿勢は、ドラッガーが述べている「作曲家であると同時に指揮者」（ドラッガー　一九五四：三四一－三四二）[*8]にあてはまる。加えてさらに、店舗従業員である「楽団員」の（職務）能力を開発し、改善していく、「協調的な教育者」でもあるといえよう。

この「協調的な教育者」としての経営哲学もたとえば、次のような「職場訓練の同時競争教育」システムにも伺える。丼家の従業員は、九割以上が非正規社員によって構成されている。赤野店舗でも、非正規アルバイトの募集は常に行っており、求人広告をみた者が定期的に店舗を訪れる。非正規社員の面接を通過して、職場訓練をするようになるときに、一つの取り組みがある。それが、「職場訓練の同時競争教育」といえるものである。「常に、同じ場所で同じ時間で二人の店舗従業員に専門スキルを伝達していく。常に二人同時に職場訓練ならびに教育をしていく」。この取り組みの成果は、「二人で競い合いながら専門スキルを習得していくことと、その二人が同僚としての信頼関係を形成し、先輩従業員との専門スキルの差を必要以上に卑下しなくてすむようになるのだ」という。ときに、非正規アルバイトの面接を店舗従業員にまかせている。どのような人材を店舗の同僚として迎えるのかの認識を確認させる作業でもあり、店舗従業員として職場でともに働くようになるときには、私が面接を実施して、選んだ同僚であるという意識をもつことができ、その後の職場訓練のサポートにもつながっていく。

(3) 常に変化する環境への組織的な適応を管理者は統制していかなければならない。現在、組織的な対応として取り組んでいるのが、「ファストフード店舗の脱ファストフード化」と呼びうる移行である。山口は、全国的にみても営業成績優秀店舗の管理者として、二〇一〇年夏からグループ内系列店舗の統括本部のプロジェクトメンバーに選出され、券売機なしの店舗形態の推進と、店員研修に携わるようになった。ちなみに、山口のように契約社員である店舗マネジャーが統括本部のプロジェクトにコミットメントするのは異例のケースである。

商品提供過程の効率化と迅速さを徹底的に突き詰めてきたのが、ファストフード店舗の基本形態である。そうした中で、券売機なしの店舗形態への移行は特筆に値する。券売機型店舗での商品提供の過程とは、①顧客が券売機で希望商品の購入、②券売機購入と同時に注文確認、商品提供準備、③商品の提供、④顧客が退店後、提供物の片づけと清掃の主に四つのプロセスで完了する。この接客方法の特徴は、従業員と顧客との接客機会が配膳時の一度で済むところにある。

これに対して、券売機なしの接客型店舗での商品提供の過程とは、①顧客の着席案内と御茶の配膳、②注文確認、③注文確認後の提供準備、④商品の配膳、⑤食事後、会計、⑥顧客が退店後、配膳物の片づけと清掃の主に六つのプロセスで接客を行う。この接客型店舗の特徴は、注文確認時と商品の配膳時、ならびに、会計時に接客機会が生じる。こうした接客型店舗での接客方法は、けっして新しいものではなくむしろ、ファストフード型の接客形態が導入する前に、言い換えるなら、接客のマクドナルド化が浸透するまえの、外食産業に主流の接客方法であるといえよう。

一顧客に対する接客機会の増加は、商品提供過程においては効率化や迅速さを妨げる要因であることは間違いない。このファストフード店舗の脱ファストフード化への移行は、赤野店舗の売り上げを支える「常連顧客の獲得」を目指していく上で不可欠なのである。低価格帯の商品提供で売り上げを伸ばしていくには、常態的に顧客が店舗を訪れてくれることがかかせない。店舗の経営戦略として重要になるのが、新規顧客の獲得を目指しながらも、週に複数日も店舗を訪れる常連客をいかに獲得し、増やしていくかにある。顧客により快適な飲食空間を提供するために、赤野店舗では、店内温度をエアコンで常にコントロールしている。顧客の服装や飲食の様子などをみながら、温度設定をかえる。こうした細やかな対応の積み重ねが、常連顧客の獲得につながっていく。

接客型店舗への移行に応じて、店舗従業員にも適宜職場訓練を行っていく必要がある。山口は、あえて別時間を設けて店舗従業員の職場訓練をしていくことはない。勤務時間内の来客が落ち着いてきた時間をつかって、より実践的にアドバイスしていく。ここでも、「正解を押し付ける」アドバイスではなく、「正解を気づかせていく」問いを投げかけていくことを心がけている。「正解はマニュアルに記載されているのだが、マニュアル以上の発見をし、意見できる従業員を育てる」ようにしていくのだという。そうした積み重ねにより、先にも述べたように、店舗従業員がそれぞれに主体的に考えていくようになる。つまり、店舗従業員に「常に考える癖をつけていく」取り組みなのである。日頃から主体的に考えていくようになると、様々な局面においても柔軟に対応できるようになるのだ。

よりテクニカルな移行としては、会計・精算システムの統合が行われた。券売機型店舗では、券売機と売り上げが自動登録されているパソコンの双方を確認していた。「その作業はものすごく、大変。券売機はお釣り銭があって、売り上げがふえていく。自動でカウントしてくれる機械なのに、そのカウントがあわない」といったことが頻繁にあったと述べる。この精算業務に最低でも一時間は費やしていたが、現在の会計と精算の統合新システムの導入により、精算業務は三〇分以内で可能になった。

新システムの導入や商品提供行程の変化などに関わる職場訓練を勤務時間内に行っていくということは先に述べたが、山口自身は店舗マネジャーで構成される会議に欠かさず出席している。マネジャーにとって、定例的な会議はミンツバーグも明らかにしているように、「儀式・戦略策定・交渉からなり、儀礼的なやりとりが多くなる。そうした儀礼的なやりとりが情報のやりとりになったりもする」（ミンツバーグ 一九九三：七二）。山口への聴き取りから明らかになるのは、他の店舗マネジャーとの意見交換や新システム導入の実地技能訓練等は有効的であるが、新たな情報を得たり、新たな技能を身につける機会であるというよりは、儀礼的な会合になっているという。とはいえ、店舗マネジャー同士の職場会議に出ていくことは、(5)組織と外部環境をつなぐ重要なリンクとして働いているという役割を果たす上で不可欠なことである。店舗マネジャーは、マネジャーが砂時計の首の部分にたとえられるように、「自分の組織と外部接触のネットワークの間に立ち、さまざまな方法で両者を連結している」（ミンツバーグ 一九九三：八七）のである。このようにして、他店舗や他店舗マネジャーとネットワークを構築しながら、組織と外部環境をつなげていくとともに、店舗マネジャーは、担当する店舗がそれぞれの目的に役立つように統制していく。

この(4)組織が組織を動かしている人たちの目的に役立つようにすること、つまりは、マネジャーが組織を統制している人たちの目的達成にかなうように保証していくという職務について山口が重要視しているのは、店舗従業員間の信頼関係の構築とモチベーションの維持である。丼家の勤務形態は、非正規のアルバイト店員がそれぞれのシフト形態で勤務しており、従業員間の交流は疎遠になりがちである。個人個人がそれぞれに業務をこなしているという状態に勤務形態的には陥りやすいのだという。そうした事態を避けるべく、出席可能な店舗従業員には積極的に声をかけ、山口主宰の職場外交流会（懇親会）を行っている。この交流会は、頻繁に行われるようなものでも、半ば強制的な参加が促されるようなものでもない。緩やかな会合を開いていくことで、個々人の職場から同僚意識を芽生えさせ、個々の信頼関係からなる店舗従業員の組織を作っていく。このような店舗従業員間の組織づくりが、結果的に店舗マネジャーにとっても適した組織をつくっていくことにつながっていく。

組織作りについては、「店舗マネジャーは、どんなことにも深入りせずに、店舗従業員に対して平等な深さを保つ。深入りは従業員の拒否感などに注目しがちだが、チームで動いていく上で、周りの反応を重視している。店舗従業員間の妬みには常に気を配る。店舗従業員皆に、同様の親密度を計るように心がけている」（山口文香　二〇一三年六月一九日）という。想定外の顧客対応に追われることもしばしばである。たとえば、店舗従業員の接客態度に対してクレームをつける顧客、数時間前に支払いを済ませた会計に関して釣銭が足りないといって再来店する顧客、なかには、店舗内で声を荒げ居座る顧客など、多様である。こうした店舗への苦情として厄介なのが、苦情対応に対する不満を顧客が直接、本部に電話連絡して、本部からそのクレーム対応の連絡がはいってくる、二次クレーム対応のケースである。赤野店舗では「接客態度等は非を認め謝罪することもあるが、態度をあえて和らげない。もう、本店舗にいらっしゃらなくても結構ですと断固とした態度を示して対応していく」こともある。

店舗マネジャーとして重要な職務であるのが、⑹組織の地位体系を操縦することである。店舗マネジャーは、公式権限ゆえに、組織の地位体系を操作する責任があり、従業員の時間給与の査定業務を担っている。グループ内規定で研修期間ならびに研修後の勤務期間での時間給与は決まっている。その職務技能習得に応じての時間給与の昇給申請をする権利を店舗マネジャーが持っている。同僚の従業員と信頼関係をつくり、働きやすい職場環境で勤務することとともに、それ以上に、店舗従業員にとっては時間給与の査定は重要事項である。山口は、できるだけ最短で昇給申請ができるように職場実績を評価しているという。昇給査定と同様に組織の地位体系の操縦に欠かせないのが、店舗従業員のシフト管理である。赤野店舗には現在三〇名弱の従業員が勤務している。店舗規模特性と来客数から勘案して、朝方と夜中の顧客の少ない時には店舗従業員は一人で勤務する。逆に昼間や休日には最大五人の従業員が勤務する。時間毎での勤務可能従業員数が決まっており、それにより算出される勤務人数と、店舗従業員の労働時間と希望シフトのマッチング作業を行っている。

　夜間帯に勤務する従業員は、労働時間が超過する傾向にあり、店舗マネジャーとして従業員の総労働時間を抑制するよう打診しなければならない。山口は五〇代後半の男性に何度か総労働時間の抑制を打診する面談を行っている。時間給与で勤務する従業員は、「生活していくために、できるだけ、長い時間働きたい」と考えており、それを抑制していくことが求められる。学生のアルバイトや主婦のアルバイトとは異なり、この店舗での稼ぎをもとに生計を立てている専業のアルバイト従業員にとっては、労働時間の抑制は看過できないデリケートな問題なのである。店舗マネジャーの組織の地位体系操縦とは、単に現場の組織員を統制することなのではなくて、組織員である従業員それぞれの生活状況をも考慮してなされている。

＊1　丼家のマネジャーに限らず、社会に生起する組織マネジャーに共通するマネジャーの仕事は、①目標設定、②組織化、③動機づけと円滑なコミュニケーション、④評価測定、⑤人材開発の五つである（ドラッカー 二〇一一：一二九）。
＊2　マネジャーの職務に関する研究は、ミンツバーグに倣い、次の八つの学説、⑴古典学説、⑵偉人学説、⑶企業家精神学説、⑷意思決定学説、⑸リーダーシップ効果性学説、⑹リーダー・パワー学説、⑺リーダー行動学説、⑻職務活動分析学説、にまとめることができる。
　管理職の職務に関する⑴古典学説（一般化論）として参照点となるのが、「計画、組織、命令、調整、および、統制」の五つの基本特性にまとめた、アンリ・ファヨール（一九一六）の研究と、それを受けて、「計画、組織、人員配置、指揮、調整、報告、予算化」にまとめたルーサー・ギューリック（Luther Gulick）の研究である。ギューリックの研究は、管理職の仕事をまとめ、その頭文字をまとめたPOSDCORBとして広く参照されるようになった。具体的には、

①事業目標を明確化し、達成方法を確定していく「計画化（Planning）」、②仕事を細分化・配置・調整していき、公式権威的な構造を確立していく「組織化（Organizing）」、③人員を採用し、訓練し、より適した作業条件を維持していく「人員配置（Staffing）」、④意思決定や特定・全般的な命令を下し、指令を具体化し、事業リーダーとしての職務に継続的に従事していく「指揮（Directing）」、⑤仕事の様々な部分を相互に関連づける「調整（Coordinating）」、⑥記録、調査、検査を通じて、経営陣・部下双方に情報を提供していく「報告（Reporting）」、⑦財務計画、財務会計、財務統制などの予算関連業務を行う「予算化（Budgeting）」にまとめることができる。

しかしながら、これらの管理職業務を利便的に概念化し、たとえば、「計画化と組織化」との〈関係性〉を説明することのない分節化解釈には「役に立つものをほとんど見いだせない」（ミンツバーグ 一九三三：一九）といった厳しい批判が寄せられた。たしかに、これらの概念的理解では管理職が直面する職務内での調整や環境変化の管理、人員差異の管理、動機付けや委任などの職務に関する決定事項の関連性の重要な部分を解き明かすことはできない。

管理職の職務を分節化し、一般化して理解するのではなくて、管理者個々人に目をむけ、職務の実態を浮かび上がらせたのが、エピソード的記述で知られる⑵偉人学説である。なかでも、マネジャーの出身家系、学歴、所属の社会団体、キャリア、パーソナリティ別に集団として分割して記述したメーベル・ニューカマー（Mabel Newcomer, 一九九五）『ビッグ・ビジネスの経営者』や、ロイ・ルイスとローズマリー・スチュアート（Roy Lewis and Rosemary Stewart, 一九五八）『ボス』が参照されてきた。マネジャーの個々人のケース・スタディーに基づき、マネジャーの労働時間、情報獲得、意思決定の方法、労働日の詳細を明らかにしながら、マネジャーの「働きぶりと生き様」を描きだしてきた。こうしたジャーナリスティックな手法は、我が国のキャリア・モデルに関する著作の中でも多く受け継がれている。

管理職を意思決定者として扱う二学説の一つに位置づけられるのが⑶企業家精神学説である。管理職が意思決定を行うのは、「面前におかれた問題、明示された目標、あらゆる活動代替案ならびにその結果からであり、マネジャーはこれらの結果のすべてに評価を与え、目標達成をもとに代替案優先順に並べ、最善策を選択する」（ミンツバーグ 一九九三：二二）。ここで重要な指摘は、管理職にとっての意思決定には、「あいまいな問題、明確に定められておらず対立が生じている目標、および予測不可能な結果は存在しない」（ミンツバーグ 一九九三：二二）とされ、管理職以上に創業者に重点的に関心が寄せられることである。ここでは、管理職の意思決定が起業的なマインドによって行われ、たとえ、それが革新性を伴うものであれ、そもそも、限定的・特定的な決定であるにすぎないと理解されるところである。

管理者の意思決定で「プログラム化されていない部分」に着目したのが、(4)意思決定学説と位置付けられる研究蓄積である。これらの研究蓄積として参照されるのが、サイモン（一九四七）の『経営行動』、サイモンとマーチ（一九六八）の『オーガニゼーションズ』、サイヤートとマーチ（一九六三）の『企業の行動科学』などであるが、「管理職の意思決定における、選択は制約条件を満たすために行われ、目的を極大化するためではない（マネジャーは、「できるところで満足する」のであって、極大化するのではない）」（ミンツバーグ 一九九三：二五）と結論づけられるところに特徴がある。そしてこれらの見解を受けて、実際には管理者の意思決定は「プログラム化されていない」のではなくて、むしろ、高次にプログラム化されていることを明らかにした。高次にプログラム化されているという内実は、「問題を定義するプログラム、代替案を探索するプログラム、選択を行うプログラム」（ミンツバーグ 一九九三：二七）である。そして、カーネギー学派の理論家の結論として導きだされたのが、管理職とは「他者の仕事をプログラム化する、プログラム化されていない意思決定者である」（ミンツバーグ 一九九三：二八）ということである。これらの意思決定者としての管理職の職務に関する研究として、チャールズ・リンドブロム（Charles Lindblom）は、「目標へ向かうというよりは、むしろ悪いところから遠ざかって改善的に活動を行い、予想もしなかった変化が生じないような限界的な代替案だけを考慮し、二、三の結果しか調査しないような人物である」（ミンツバーグ 一九九三：二八）とし、「合理的な利潤極大化」を行う者としてではなく、「なんとかして切り抜ける」（ミンツバーグ 一九九三：二八）のだとまとめている。

意思決定や他の諸々の職務を省き、管理職のリーダーシップに着目したのが、(5)リーダーシップ効果性学説である。管理職のリーダーシップに関する研究は、対人間行動の研究として行われ、「影響力を行使する人と影響される人びと、という二つの対象を示唆する関係概念であり、成功するリーダーを生み出す要因について分析」（ミンツバーグ 一九九三：三〇）されてきた。リーダーシップの権力と影響力により焦点をあてたのが、(6)リーダー・パワー学説である。たとえば、中間管理職を対象に研究した社会学者のメルビル・ダルトン（Melville Dalton）や、政治学者のリチャード・ニュースタット（Richard Neustadt）の『大統領の権力』に関する研究がある。管理職のリーダーシップに関する研究の意義は、「リーダーがどの程度まで、自らの環境をコントロールできるかどうか」を明らかにする点にある。

権力や影響力といったリーダーシップではなく、リーダー自身の行動に焦点を当てたのが、(7)リーダー行動学説である。中間管理職のリーダー行動研究については、レナード・セイルズ（Leonard Sayles 一九六四）の研究があり、「マネジャーは圧力に反応し、短期の調節や長期の構造的変革を導入しなければならず、このように安定と変革の均衡をとるようにして、「動態的な安定性」を達成するようにつとめる」（ミンツバーグ 一九九三：三六）のだと結論づけられている。

古典学説とはまったく異なる知見で、帰納法的調査をもとに管理職の職務活動を体系的に分析したのが、(8)職務活動分析学説である。「日誌法（ダイヤリー・メソッド）」や観察技法を用いて、カテゴリーを事前にコード化して職務活動の抽出したり、カテゴリーを観察の最中や観察後につくりあげていく「構造化観察法」をもとに、仕事の内容や目的をカテゴリー化し、管理職の職能や役割を明らかにしていった。

＊3　ここでは、ヘンリー・ミンツバーグが『マネジャーの仕事』で取り組んだ「マネジャーの職務記述書」を作り上げる作業を参考にしている。

＊4　総務省統計局統計調査部国勢統計課労働力人口統計室「労働力調査年報（基本集計）」一六一九　非農林業の週間就業時間別就業者数　出典：http://www.stat.go.jp/index.htm

＊5　総務省統計局統計調査部国勢統計課労働力人口統計室「労働力調査（平成二一年速報結果）」表五　週間就業時間別にみた正規、非正規の職員・従業員（http://www.stat.go.jp/data/roudou/sokuhou/nen/dt/pdf/ndtindex.pdf）。

＊6　調査を行う前までは、私も常に経営者をオーケストラの指揮者として考えてきた。ただ一人、楽団員と向かい合って指揮台に立つあの姿である。しかし、今ではいくつかの点から、経営者は人形劇の操り人形だという見かたに傾いている。多くの人が糸を引っ張り、経営者をあっちに動かそう、こっちに動かそうとしているのだ（カールソン一九五一：五二）（出典 ミンツバーグ 一九九三：八〇）。

＊7　接触時間、平均して部下に四八％、取締役（上司）に七％、社外の人と四四％外部との接触……顧客、提携相手と納入業者、各自の部署を統括している同僚、政府や業界団体の役員、社外取締役の同僚、部外者（ミンツバーグ一九九三：七五）。

＊8　マネジャーには、部分の総和よりも大きい真の全体、つまり投入された資源の総計以上のものを算出する生産的な存在をつくり出すという仕事がある。これは、交響楽団の指揮者が、その努力とビジョンとリーダーシップによって、バラバラのままでは大きな雑音のあつまりでしかない個々の学期のパートを、音楽という一つの生きた全体にまとめるという活動と同じである。しかし、指揮者には作曲者の楽譜があり、彼は単にその解釈をしているにすぎない。と

ころがマネジャーは作曲家であると同時に指揮者なのだ（出典 ミンツバーグ 一九九三：八〇）。

第3章

組織の窮状

いつまでも幻想を追い求めるのはやめるべきだ。マネジメントはサイエンスでもなければ、専門技術でもない。マネジメントは実践の行為であり、主として経験を通じて習得される。したがって、具体的な文脈と切り離すことができない（ミンツバーグ 2011：14）。

店舗マネジャーは、採用から離職、食材の確保と維持、店舗環境の管理と過剰労働まで様々な問題に日々直面する。店舗の経営にとって不可欠な仕事は、①段階別組織、②技能別組織、③チーム型組織の三通りの方法で組織されている（ドラッカー 二〇一一：二〇四）。まず、店舗の基礎をつくり、それを体系化し、構造化していく。その次にようやく店舗の内部のマネジメントを行っていく。店舗の内部の仕事は、それぞれの役割が与えられ、それがチームとして相乗的に機能していくように導いていく。しかし、これらの店舗経営の設計、戦略、構造の歯車を噛み合わせていくことは理想であって、現実はそう上手くはいかない。理想と現実とのズレがみられる。このズレを少しずつ、修正していくことが店舗経営のマネジメントの一つであるといえる。

それでは、日々直面する問題に対して、いかなる意思決定を下し、どのように対応しているのか。店舗経営の困難や苦悩はどこにあり、どのような歯車のズレから生まれるのかをみていくことにしたい。

1　採用と研修

アルバイトの採用は、店舗組織づくりにとって心臓部といっても過言ではない。募集時に時給を高くすると、応募は殺到する。募集は、ホームページや新聞折り込み広告、店頭掲示で行われ、応募があると、本社から担当マネジャーにその連絡が入る。担当店舗へのアルバイト希望が入ると、店舗マネジャーが面接の日取りの電話を入れることになっている。担当店舗へのアルバイト希望者には店舗マネジャーから電話で連絡を入れ、面接の日取りを決める。この採用の業務は、組織づくりには欠かせないものの、日常の様々な業務の中で、結果的にあとまわしにされることもある。

三四歳の野山武、店舗マネジャーは、アルバイト希望者への連絡が遅れがちである。通常は、翌日には連絡を入れることがルールとされているが、二日から三日と連絡を入れていないこともしばしばある。日常業務をこなしながら、どのタイミングで面接の連絡を入れるか、その判断は、店舗マネジャーに任されている。野山は、日常業務を淡々とこなしていくタイプで店員たちからも信頼を得ている。だが、この採用の連絡に関しては、他のマネジャーと比べると動きがおそい。

応募者側の立場になると、面接の連絡のこない店舗への働くことのモチベーションは、面接連絡がすぐにくる店舗と比べて低くなってしまう。それを避けるため、マネジャー達は、翌日には電話をいれるようにしている。アルバイト人材は、できるだけ、おおく仲間になってもらうのがその後の経営の安定化をもたらしていくからだ。

にもかかわらず、店員希望者への連絡があとまわしになるというのは、慢性的な人材不足を抱える現場のマネジメントとしては理解し難いことであると考えられる。よりマネジャーの立場からこの採用をみていくと、そのあとまわしにも、この労働現場の特性が透かしみえてくる。

ひと月の面接数は、エリアマネジャーの元田文彦によると、平均して一店舗で平均一三件程度である。他の地域を担当するエリアマネジャー木口典子は、平均九件程度だという。面接数は、店舗の立地条件や採用時期によってもバラつきがあり、店舗によってまちまちである。それにしても、毎月、一〇件程度の面接が入るというのは、マネジメント業務を圧迫していく。たとえば、六店舗を担当するエリアマネジャーが、面接を担当することになると、月に六〇件程度は面接を行うことになる。マネジメント業務をみていると、六〇件の面接対応は現実的に難しい。一人を採用するのに、契約時には、①雇用契約書、②扶養控除等申告書、③銀行通帳、④学生証、⑤住民票記載事項証明書、⑥保険証免許証等、⑦現住所確認、⑧親権者承諾書、⑨外国人登録書の中から、次の必要書類をまとめ、本社に提出しなければならない。店舗マネジャーに面接業務の分担をせずにこれらの業務を一人で背負う野山は、業務過多となり、他の連絡業務が滞っている。

そうした事態を避けるために、面接業務と書類整理をできる限り店舗マネジャーや店舗店員へと分担していくエリアマネジャーもいる。

私が面接を担当できるときは、面接をするようにしています。ただ、業務の中で、月に十数件の面接の時間を調整することは簡単ではないです。可能な時は、面接時間に勤務しているアルバイト店員に頼んでいます。一緒に働く仲間として適任であるか、どうか、その視点で面接を行うようにと伝えています。そうすることで、自分の店であるという自覚が生まれ、面接を担当するアルバイト店員にとって、積極的な変化をもたらすこともできます。就職活動前の大学生店員にも、面接を担当させることもあり、面接をする側という経験は、本人にプラスになっていると思います（池田理子　二〇一三年一〇月二一日）。

面接では「よほどのことがない限り」採用をきめる。採用される人は、目をみて、質問の内容に的確にこたえる、コミュニケーション能力がある人。さらに、食品を扱うサービスに従事するのに十分な清潔感があるか、他の店員と協調的に働くことができるかどうか、が重要な視点である。逆に、採用しないのは、目をみて話すことができない人や、面接中に妙に落ち着きがない人。または、バイト歴を転々とし過ぎている人は、採用に注意する。というのも、「すぐに辞めていく癖がついている」からである。面接をして、採用しても、辞退される方もいる。採用して、書類を持ってきてくださいというと、来ないこともおおい。

元田によると、「店舗のエリアによって、たとえば、一〇人の応募があって、そのうちの二人が面接を無断で休む店舗もあれば、一〇人の応募があって、そのうち六人ぐらいが面接にこない店舗もある。店舗エリアの居住者の特徴と関連している」（二〇一〇年一二月一一日）という。人材不足を解消しなければ、店舗の経営はできない。私自身が面接に臨んだ時に、「店長代理です」と名乗っていた従業員も、こうした事情で、その時間帯に勤務していたアルバイト店員が担当していたのであろう。

エリアマネジャーや店舗マネジャーの都合に合わせていると、店員希望者との時間が合わず、面接の機会が、つくれないことにもなりかねない。その時間的なズレと面接プロセスでのロスを防ぐためにも、アルバイト店員でも面接を担当している。店舗の面接では、目を見て、コミュニケーションを取れれば、かなりの確立で採用する。

店舗店員が面接を担当していくことは、店づくりの上でプラスに働くことが多い。というのも、店舗店員にとって、面接とは自分たちと一緒に働く仲間を選び出す業務であるからだ。実際の面接は、一〇分もあれば、おわる。その場でエントリーシートを書いてもらい、店舗で働きたい理由や勤務形態など、決まったことを聞いていく。

赤野店舗では高校生アルバイトの採用を行っていない。高校生アルバイトを採用すると友人関係や勤務前後に、喫煙など、いろいろと問題が起きやすいからである。高校生アルバイトについては、ホームページ上での募集を辞め、知人の紹介であれば、面接をするようにしている。採用については、店舗マネジャーの判断に委ねられている。

五〇歳から六〇歳までのアルバイト希望は多く、なかには、七〇歳以上のアルバイト応募もある。年齢が高いことで、採用しないということはない。実際に採用後、トレーニングを積んでみると、体力的に厳しいということも少なくない。

外国籍の店員も採用しているが、現場でもやりとりで、揉めることもある。働き始めて、希望シフトに一度入れなかっただけで、逆切れして、「もう、やめます」といって、やめていった外国籍店員がいた。このようにアルバイトを希望するものは、老若男女、バラエティに富んでいる。こうした問題を繰り返さないようにするために、外国人アルバイト店員の面接は、店舗責任者が担当するようにしている。

面接時に「あやしいな」と感じる店員は採用しない。その場合には、履歴書を返却して、「後日、御連絡いたします」と返答して断るようにしているという。勤務希望条件が合わない場合は、不採用となる。午前八時から午後五時までの週五日働きたいという主婦の応募も多い。この勤務で働く場合、求められるスキルは、店舗マネジャークラスとなるが、店舗マネジャークラスのスキルを身につけるのには、時間を要する。そこで、週五日勤務を希望する人にその旨を伝えると、辞退を申し出ることがある。

これまでの経験から言えるのは、八時から一七時までの週五の勤務を希望する主婦の多くは、丼家の仕事を、工場のラインの仕事と同じようにみているということです。工場のラインのように、単純作業をこなすつもりで考えている。丼家はライン業務ではない。一つ覚えれば、こなせると思って募集にくる。採用後、研修で必要なスキルを伝えると、こんなに覚えられないといって、辞退していく。うちの店舗は、二週間の研修が目途。前職経験のポイントが高いのは、運動経験。バスケットボール部のキャプテンでしたという人がきたら、まったく同じことだよと伝える。チームで動くから同じだよと伝えています（元田文彦　二〇〇九年六月一一日）。

人柄が優れていて、シフトと希望勤務時間とのマッチングのいい場合には、即採用することもある。その場合には、その場で「あなたは、一人の店舗店員ですから、次に、来る時までに、必要用語をすべて覚えてきてください」と言って、必要書類を記入してもらい、本部に即座に書類をまわす。「やる気がある店員は、次の日には書類を揃えて店舗にもってくる。逆に、やる気がない店員は、一週間たっても書類を揃えない」。この時点のスピードで、どれぐらい伸びる店員であるか、わかるという。

平均して、採用の一ヶ月で、採用者の三割が何らかの理由で辞めていく。その後、一ヶ月ごとに、一割程度が辞めていく。常に採用活動を続けて、その一方で、採用した店員が辞めていく。こうした事態に対して、エリアマネジャーが集まるミーティングでは、新人店員へのスキルトレーニングが的確でないか。労働時間が長いのか、仕事の負担が多いのか、などが議論されている。星咲店舗で辞めていった店員の理由をマネジャーに聞いてみると、「予定していた金額が稼げない」とか、「思っていた仕事の内容と違う」といった理由が多い。新人店員に採用面接の際に、ひと月でいくら稼ぎたいのか、どのような勤務形態で働きたいのか。どのような働き方をイメージしているのか。採用側と採用される側でマッチングを丁寧にしておくことが欠かせない。

採用当初、店員の四割弱が他の飲食業でもアルバイトをしている。アルバイト採用であるので、兼務に関しては何も言えることはない。兼務していることで、なかなかシフトに入れず、必要な技術習得や研修参加に時間がかかってしまうと、期待する金額を稼ぐことができずに、離れていってしまったり、他のアルバイトを新たに始めるようになる。そうした状況も、店舗マネジャーとしてはできるだけ避けていきたいところである。

店員が辞めたいと最初に、申し出たときに、いかにそのタイミングで辞めたい理由を聞いて、できる限り対応して、継続して働いていけるように説得していくかが、店舗マネジャーには求められている。エリアマネジャーがこの説得に入ることもあるが、エリアマネジャーと店舗店員は日頃から十分なコミュニケーションが取れているわけではないので、効果的ではない。

このひきとめで響くのが、目標を提示し、ハードルを設けることである。時間給与をあげることはできないので、時間内の労働の質を上げるように意識化させるのである。商品提供までのスピードを数字で伝えたり、同時作業量を増やすようにしていく。労働の経験を、ゲーム的感覚にかえていくことであると言い換えてもいいだろう。時間をこなしていくのではなく、働くことそのものを楽しいものへとかえていくことである。このようにして、辞めたい時期を乗り越え、経験を積み、店舗店員との友人関係が構築できていくと、継続して長く働けるようになる。

その一方で、現状としては、アルバイト店員にも、社用テストや経営理念の唱和など、社員と課す要求を求めていて、その課題で、躓く店員も少なくない。

アルバイト店員に対して要求するハードルが高い。全員がテストをうけなければならない、とか、全員が経営理念を唱和しなければならないとか。ハードルを乗り越えてくる店員はいいけど、そのハードルを越えられない店員は、肩身が狭くなり、結局、離れていってしまう（中島寛子　二〇一二年九月一〇日）。

店舗店員のほとんどがアルバイトからなり、正規社員が店舗に不在であることも少なくない。こうした状況の中では、アルバイト店員でありながらも、店舗の経営理念や規則を体得していくことが求められる。けれども、駆け出しのアルバイト店員の多くは、それを望んでいない。アルバイト店員に目標を持たせ、エッセンシャルなスキルを習得させていくことは一定の効果を持っているが、はやいタイミングでの刷り込みが障壁となり、離職していく者も少なくない。店員それぞれの個性や主体的な意識を把握したうえで、タイミングを見切ることも店舗マネジャーに不可欠な手腕と言える。

新人店員にいち早く必要スキルを伝達し、現場の戦力に育てていくのも店舗マネジャーの腕の見せ所である。新人には、高校生から七〇歳以上の方も入店してくる。高校生や一八歳未満の勤務については、①夜九時以降朝五時までの勤務の禁止、②一日七時間以内労働の厳守、③一週間四〇時間以内労働の厳守が明確に定められ、各店舗で労働規則の遵守事項として徹底されている。

基礎スキルを習得するのがはやい有望な店員もおおく入店してくる。優秀な人材に、いかにはやく必要なスキルを教え込むかが鍵。この期間に、十分なトレーニングを積めない店員もおおい。このことは、全体としては避けていきたいことなのだけど、トレーニングを担当するマネジャーも、シフトの欠員を埋めて、忙しく、シフトに入っていることも少なくない。そこで、店員のスキルが上達していかない、放置状態が続いてしまう。そうすると、思うように仕事ができなかったり、仕事がまかされないことで、店員のモチベーションは下がっていく。店員の挨拶や顔を見れば、モチベーションが下がっていることは、よくわかる。業務が多すぎ疲弊しているのではなくて、むしろ、十分な業務を与えられないことで、働く意欲が減退していく。こうした店員を見つけたら、勢いのある他の担当店舗のシフトに入れて、店員の連携や商品提供のスピード感を体感させる。実際に、体感することで、一気に、火が付く（木口典子二〇一一年二月一七日）。

店舗マネジャーは、新人店員に教え込む基礎技術や店内での声掛けを一様に学んでいる。最初の段階で、基礎技術の習得を円滑に進めることはフロアでのパフォーマンスを上げていくのに不可欠なことであるが、それ以上に重要な事柄がある。店内に来店される顧客との柔軟なやりとりや、様々な局面で求められる応用スキル、さらには、働くことへのモチベーションに関する教えである。私自身が複数店舗で面接を受けてみて感じたことや、店舗観察を行っていて明らかになってきたのが、この新人店員への教え込みの部分で、店舗マネジャーや既存の店舗店員の認識や教授法に差があるということである。基礎スキルのみを機械的に教える店舗マネジャーもいれば、応用スキルや働き方の考え方までを、新人店員のパーソナリティやこれまでの経験にあわせて教え込む店舗マネジャーもいる。

新人店員の基礎研修メニューは、どの店員もこなしていく。それだけでは、十分なスキルとはいえない。店内で起きる様々な状況に対応できるように、応用スキルも伝えていく必要がある。その基礎から応用へのトレーニングメニューが、店舗マネジャー任せになっていて、メニュー化されていない。運よく、諸々のスキルの伝達に長けた店舗マネジャーに出会い、育ててもらえると、そうした店員の中から、店舗部門責任者や店長へと、ステップアップしていく。やる気のある若手の店員には、エリアのミーティングが許される。そのミーティングで、店舗の売り上げや数字の変化を読み解く分析眼を養っていく（フィールドノーツ 二〇一一年五月一五日）。

本社で行われる店舗マネジャー研修では、新商品の製作工程のＯＪＴや店舗経営の全般的な改善点のシェア等に多くの時間が割かれ、新人店員の採用後のトレーニング方法について改めて議論される機会は少ない。現状としては、「店舗マネジャー任せ」になっていて、新人店員が順調にスキルアップをしていくことができるのは、店舗マネジャーとの偶発的な出会いに依っている。

全国に店舗を構える丼家ならではの次のようなケースもみられる。採用側としては、勤務店舗まで、交通費のかからない、自転車や徒歩で通勤できる人材が望ましい。実際に、採用されている店員の通勤時間は、平均にして、一〇分以内という店舗も珍しくない。そうであるので、店舗マネジャーの生活圏での知人や友人が、新人店員の面接を受けにくることもある。

杉島理美店舗マネジャーの友人の草彅春奈が、面接を受け、その後、採用されることとなった。杉島と草彅は、それぞれの娘のママ友である。草彅は、その友人関係に甘え、採用後、一ヶ月たっても、基礎用語を覚えてこなかった。その後、調理のトレーニングを積んでいく時も、すべての作業に時間がかかり、雑であった。直接、手で食材を触ったり、商品提供時の顧客への言葉がけも、いい加減であった。

この状況をみかねた山口は、杉島理美店舗マネジャーと草彅春奈アルバイト店員を立ち会わせて、「この現場で友人関係の甘えは、なくしさい。杉島マネジャーからトレーニングをうけることは、貴重な機会。あなたの仕事に対する意識が低すぎるのではないですか。私がトレーニングを積んだ、店長は、日本でもトップクラスのスキルを身につけている。そのつもりで、やりなおしてほしい」と叱咤した。その後、杉島には、「友人関係を保ったまま、トレーニングを積ましてきた店舗マネジャーであるあなたの責任。店舗に入ったら、そこは、プロの世界。私たちは、美味しい食事をお客様に提供して、お金を頂いている。その現場に、友人関係はいらない。もちろん、一歩、お店を出たら、いつもどおりの友人関係でいい」(山口文香　二〇一二年二月一七日)と助言した。

このように新人店員の採用をみても、店舗マネジャーの伝達スキルの問題であったり、人間関係の問題等、様々なドラマがある。

2　欠員の補填

店舗マネジャーと店員との関係性は、シフト編成にも投影される。店舗マネジャーと店員とが縦の関係であるとすると、店舗経営において重要なのは、店員同士の横の集団関係を構築していくことである。そうしなければ、仲のいい店員同士が好き嫌いでシフトを組むようになる。依怙贔屓がでる。馴れ合いでシフトを組むようになると売り上げに影響が出てくる。そうなるとビジネスではなくなる。その逆に、シフトを管理するマネジャーの中には、機械的にシフトを組む者もいる。それはそれで問題がでる。その場合には、気配りが足りない。店員の特性を考えてフロアコントロールをイメージしておらず、店員を同一の機械のように見ている。

現場ではどのような工夫をしているのだろうか。たとえば、亀田店舗では高学歴の大学生店員と、夜間に通う中卒店員を組み合わせることがあった。休憩時間にカードゲームなどをして、相互にコミュニケーションしていく。年齢も異なれば、生活環境も異なるがゆえに、それぞれのよさが生かされ、化学反応がおこる。「勉強はできるかもしれないですけど、あいつは、馬鹿ですよ～」といったやりとりが交わされる。シフト編成には、どのように組むとどのようにフロアがまわるかを考えておく。

次のようなケースもあった。店員のドタキャンに一人で対応し、顧客からのクレームを出してしまった女子高校生店員がいた、そんなときは二度と同じ環境をつくらないようにシフトを調整する。シフト管理をしっかりやっていない店舗は、穴があいてしまうので、メールでの丁寧なフォローを行ってシフトを管理しておく。シフトが足りない場合には、お客に対して、十分なサービス提供ができない。利益につながっていかない。シフトの調整は、それを回避するために行うのだ。

シフトをつくるときに、どれだけ、フロアコントロールのイメージをできるかどうかが、肝心。穴が埋まらないではなく、埋めようとする。その時に、全員にあたる。全員にあたることで、もしそのときに、欠員がうまらなくても、一度断ったことで相手はもうしわけないと思って、次回はシフトに入るようになる。この気持ちをもってもらうのが大事。年中無休、二四時間のシフトをまわしていく為には、細心の注意を払っておくことが必要。そうでないと店はなりたたない。心理的な負担を全員でカバーしていく(山口文香　二〇一一年二月一六日)。

店員にはチームワークが要求される。平均的な店舗は、ランチ帯やディナー帯以外のオフピーク時は、二人で店をまわす。二人でフロアをまわすときに、一人がドタキャンをした。その場合、一人で店をまわしていかなければならない。ランチとディナーでシフト管理を分割し、その先に、統合的にシフト管理していく。

相手の立場にたって、相手の感情をつかまえていかないと、シフトは埋まっていかない。シフト管理をしていく上で、しっかりと連絡しない行動がその次の欠員につながっていく。店員の立場になって考えていく。これが大事。自分が自分がという動きをする人は、マネジャーには向いていない。マネジャーは、店員の立場にどれだけなれるか、どれだけ心境を想像できるかどうかが大事(伊藤崇文　二〇一一年三月八日)。

月末には、店舗の売り上げを上げるために、「シフトをぎりぎりまで絞っていく」。シフトの本数を減らしたり、月額給与で勤務している店舗マネジャー本人がシフトに入ることで調整しながら、人件費を抑えていく。駅前で人通りが多く、一カウンター四座席のような小規模店舗は、人件費を抑えることができ、他店舗と比較して利益率が高い。山口が担当する店舗の一つは、月額の賃料が六〇万で平均六〇〇万の売り上げである。店舗の売り上げでは、一、〇〇〇万円ほど稼ぐ店舗もある。月一、〇〇〇万円程度売り上げる店は、毎日が「日曜日のトップピークのような感じ」である。

二四時間のシフトを埋め続けることは、容易なことではない。丼家の経営の最重要事項といっても、過言ではない。店舗、商品が確保されていても、店員不在では、丼家の営業はできない。それでも、現実的には、シフトの欠員が頻繁に起きる。そこで、応急的な対応として取られるのが、ヘルプと呼ばれる、他店舗からの補助店員の派遣である。とくに、近接地域間で、従業員の欠員がでるときには、他店から店員が派遣される。これを現場では、ヘルプと呼んでいる。このヘルプにより、二四時間の店舗の経営になんとか「穴をあける」ことなく、営業ができている。

ただし、ヘルプはあくまでもその場凌ぎの応急処置的対応である。というのも、コスト面では、余計な交通費が発生することになる。人件費の一五分刻みでの調整や、商品ロスをできるだけ少なくするための労力が、このヘルプによって台無しとなってしまうのである。それだけでなく、店員が他店で、ベストなパフォーマンスを発揮することは難しい。挨拶程度しか交わしていない、他店舗の店員との連携プレイはぎこちないものとなる。カウンターの並びや座席数やレイアウトも異なり、慣れない店舗で、無駄なく動くのは、至難の業である。

店をつくるというのは、シフトを表面的に補填していくことではできない。自分のお店であると思うようになることで、店を綺麗にするようになるし、何度も顔をあわせるようになる顧客に、笑顔の声掛けができるようになる。その点を理解せずに、他店舗からのヘルプ店員に頼り続け、その場凌ぎの店舗経営を行うマネジャーもいる。ヘルプが担当店舗の店員の成長を阻むこと、ヘルプ店員を送り出す店舗の負担増加になっていることを理解しておかなければならない。

ヘルプへの不満は、店員から「店のレベルが低くて、ヘルプにはいきたくないです。トレーニングされていないので、うまく、噛み合えないんです。商品提供まで、時間のロスが出てしまって、ストレスを感じるのです」といった声や、「マネジャーが不親切でヘルプにはいりたくないのです。マネジャーがいなくても、店員は会話なくて、お葬式みたいなんです」といった不満として吹き出る。店舗には、店舗のリズムがある。ヘルプに入った他店でのパフォーマンスに齟齬が出て、それを違和感と感じるのである。

3　序列の構造

新人店員として勤務をはじめた中谷愛奈は、順調に基礎的な技術を習得していった。三ヶ月を経過したある日、店舗マネジャーの樋口が、中谷にランチピーク帯のセンターポジションに入るように指示を出した。センターポジションは、スピード配膳の中でも、円滑な連携プレイを生み出す要のポジションである。その打診を受けた中谷は、「わかりました！　私やってみます」と返事をした。その後、中谷の動きは、水を得た魚のように、躍動し始めた。

アルバイト店員の中には、序列がある。同時期の主婦店員の競争意識を上手く、利用する。二人の主婦店員をあえて常に、比べながら育てる。お互いを意識させると、スキル習得が格段に向上する。私自身は、忘れてしまっていたこと。入りたての店員が、同時期の店員を意識するようになることが、店舗にとっては、一番の力になる（山口文香　二〇一四年一月二九日）。

子育て中の主婦が、隙間時間を利用して、平日の昼間に店舗で働いている。勤務時間と勤務回数が少ない主婦店員ほど、「〇〇さんとあわない」とか、「〇〇さんがいると働きにくい」という理由でいとも簡単にマネジャーに申し出る傾向がある。勤務年数が浅い店員ほど、簡単に辞める傾向がみられる。

このとき、いかに説得し、「辞めたい」時期を乗り越えるように促していくかが、店舗マネジャーに求められる。中島寛子マネジャーは、「とにかく、ひとまず、辞める理由に耳を傾ける。いったんは、聞く。ただ、それによって、どうじない」（中島寛子　二〇一二年七月四日）ようにしている。どうしてもうまくいかない店員がいる場合には、シフトを調整し、その店員同士が一緒にフロアに入らないようにする。そうした工夫次第で、店員は辞めずに、店舗に残る。慢性的な人材不足の店舗にとって、できるだけ長く働いてもらうようにマネジメントしていくことは、新規の採用とともに、重要なのである。

主婦店員に働くことのより積極的な意味や価値を見出すようにマネジメントしていくことも効果的である。とはいえ、あまりに無理に引き止めたりするのは、マネジメントとしては一時凌ぎだけでしかない。新人でも今後長くやっていけそうな店員を見抜いて、できるだけはやく育てていくことが大事。

店舗の監査に来ている中村宏太スーパーバイザーに対して、二六歳の主婦店員が、「え～、○○とかなんだもん」「だって、わたし、できないし～～」といった言葉を返していた。それに対して、中村マネジャーは、「店舗で会う人には、敬語で話すように」と叱咤した。隙間時間を埋めるための「気軽なアルバイト」ではなくて、一社会人として働いていることの自覚と責任を、細かな言葉使いをきっかけにして伝えていくのである。そのように言われた主婦店員は、そのときは、おもしろくない顔をするが、その後は勤務態度が急激に変わっていく。

4　信頼の縺れ

店舗マネジャーは、店舗組織を牽引していくのに、リーダーシップを発揮していくことが求められる。ミンツバーグも述べているように、インフォーマルな集団では、リーダーの「肉体的なパワーやカリスマ性についていく」（ミンツバーグ 一九九三：一〇〇）。丼家の店舗などの公式組織では、「マネジャーは自分の役職に付与されたパワーにたよらなければならない」。

新卒社員は、入社研修をおえると、店舗マネジャーになり、数十名のアルバイト店員をまとめる店舗マネジャーになる。店舗マネジャーは、店舗経営に責任をもって従事する。顧客へのサービスと、アルバイト店員のシフトと働きを上手くマネジメントして、売り上げを上げていくように取り組んでいく。その過程で、経営的な視座を学んでいく。本社勤務になると、現場での経営の経験を生かして、食材調達、製造や物流、新店舗開拓、海外業務など様々な仕事に取り組んでいく。

非正規雇用のアルバイト社員が、試験を経て契約社員として店舗マネジャーに昇進することもできる。成果を残し、昇進試験を突破すれば、誰もが店舗マネジャーになることができる。店舗マネジャー自体が不足状況にあり、本社の体制としては店舗マネジャーを一人でも多く輩出したいと考えている。

マネジャーは状況対応能力や組織行動ができないといけない。店員の特性を常に分析しないと上手くいかない。距離をとりつつも、でもしっかり適性を判断している。マネジャーとして大事なのは、店員との信頼関係を築くこと。私自身もアルバイトをやっていたから、アルバイトの感覚もよくわかる。アルバイト特有の無責任さはあっていいと思う。だから、アルバイトがクレームをもらったときには、アルバイトにそのミスの責任を負わせない。私の考え方自体は、「熱くなりすぎるマネジャー」はあまり好まない。熱いマネジャーにひかれる店員もいるけど、そうでない店員ももちろんいる。仕事はロボットがやっているのではないから、自ら仕事を発見していくことが大事。

あとはなんかこの店に店員と楽しい、働くのが楽しいという雰囲気づくりが大事。シフトを上手く回していかないと駄目。一人の店員が身体を壊すと、それをカバーする店員が負担を抱えるようになる（伊藤崇文　二〇一一年八月二四日）。

まとめると、第一に、店員の特性を、店員との距離を適度にとりながらも的確に冷静に分析できる判断力が求められる。第二に、店員との信頼関係を構築できる人柄である。第三に、自ら仕事を創出していく発見力である。そして第四に、働くことが楽しいと思える職場を作っていける構築力を持っていることである。

しかし、店舗マネジャーと他の店員との信頼関係の構築がうまくいかないこともある。その理由は、伊藤によれば、第一に、年配店員への配慮の欠如である。年齢では年配の店員の「尊敬すべきところを尊敬していない。それが相手に伝わってしまう。年齢に応じた言葉遣いができない。ニューフェイスでも、年齢への気配りは必要。話し方や言葉の端々にでる。それが伝わる。高校生と同じような指示を出してしまう。職場で新人でも、個人のそれまでのキャリアを尊重する」（伊藤崇文　二〇一一年四月六日）。

店舗店員への対応によって、店員から不満が沸き起こることもある。五四歳の鈴木正平は、夜間の時間帯責任者をつとめている。もともと、ラーメン屋やうどん屋などの職を転々とし、これまで働いてきた。その鈴木が、男女で仕事の負担をかえる、ことに店員から不満が出ている。夜間は、基本、一人か二人で現場をまわしている。そのときに、男性店員が現場に入っていると、仕事を厳しくして、女性店員が現場に入っていると、仕事の負担を極端に減らしているという。鈴木への不満が、エリアマネジャーに伝わり、下記のようなアドバイスを行った。

鈴木さん、店舗マネジャーは、店員に、依怙贔屓をしてはいけない。どんな店員であれ、平等に対応しないとだめ。エリアマネジャーである私は、店舗マネジャーの鈴木さんを信頼しているので、依怙贔屓をします。ですが、平等である店員には、一切の依怙贔屓をしません。そうすることで、信頼されるようになります。鈴木マネジャーは、育てている男性店員を信頼することができない。対応もとても厳しく接する。その背景には、前妻が、前職の同僚にとられた経験が関係して、男性店員を信じることができないという。その鈴木さんに、「鈴木さんが育てた高校生店員も、非常に伸びてますよ」と何度も伝えていく。鈴木さんが育てた店員が自慢で誇りなんです。そこは、素直に受け入れてください（長沼聡子　二〇一二年一月一四日）。

店員間の人間関係の縺れにはシフトの組み方を工夫することで対応していく。学生店員と年上店員の関係がぎくしゃくしている。同じ時間帯にシフトに入ると、必要なコミュニケーションも取らず、お互いが無視している。こうした状況に対応するために、一時的に、二人が同じ時間帯にシフトに入らないように調整していく。

二五歳の中田悟が、一七歳の杉島薫子と村上希美の女子高生店員の様子がおかしいと店舗マネジャーの木口に相談してきた。店舗マネジャーや社会人店員と一緒にフロアに入ると、村上は問題なく働くが、杉島と二人でシフトに入ると、仕事をほとんど、杉島に任せる状態だという。もともと、杉島と村上は高校も同じ友人である。高校の友人関係が職場勤務でギクシャクしてくる。その理由は、村上が同じく店舗アルバイト店員の郷本武彦と付き合いだしたことによるという。村上はシフト希望を郷本に合わせるようになり、杉島にシフトを急遽頼むようになったり、ドタキャンするようになっていたという。こうなると、友人関係であることがそうでない関係性の他の店員とシフトに入る場合より、悪影響を及ぼすようになってくる。お互いの声かけはなく、それぞれが個人の持ち場をこなしているだけになってしまう。そこに連携は生まれず、商品提供のスピードも落ち、接客の態度、店舗の雰囲気も悪くなる。

信頼関係を構築できない第二の理由は、店舗マネジャーが店員の能力差に応じて対応を変えることである。自分より能力が低いと判断する店員に対して、厳しく当たる店舗マネジャーは、表面的な仕事のやりとりはできていても、店員からの信頼を得ることはないという。店舗マネジャーが個人的に店員にお菓子やジュース等を奢ったりするのはやめさせる。職場での依怙贔屓は避ける。奢るなら全員に奢るのを店舗の暗黙のルールにされている。

店舗マネジャーを育成していくときのポイントは、現場でのミスをできるだけ、その場で指示していくことである。その指示を他の店員にも共有できるようにしていく。新人の店員には、その店員の現状の力量を的確に把握した上で、指示をだしていくように心がけるという。

人は悪者になりたくない。言って嫌われるなら言わない方がましと判断する。職場ならなお。仕事がほしいから言わないいし、やらない。「家で不潔ですか？　当たり前の環境、普通に戻しなさい」という。見栄っぱりの子はどんどん変わる。店舗がきれいになる。働く体制が整うと、仕事にプライドを持ちだす。褒めて褒めて褒めちぎる。後は元気を吹き込めば、勝手にまわりだし、たまに厳しくすると響く。「やらされる」から「やらないといけない」。になり、やるようになる。店員に対して依怙贔屓があるとだめ、誰でも平等であり、何を言っても大丈夫だと感じると変わる」（山口文香　二〇一二年一〇月二六日）。

店舗マネジャーがある店員の評価をその他の店員の前でするようなことは避けなければならない。店舗マネジャーの認識が他の店員にインプットされ、フロアでの序列につながるからである。このようにみてくると、店舗マネジャーが店舗の売上を伸ばす為には、店員間に序列関係をつくらせず、良好な店員間コミュニケーションを交わしていけるようにマネジメントしていることがわかる。

担当店舗の店員が欠員したときに、エリアマネジャー自らが、シフトに入ることもある。池田理子エリアマネジャーは、深夜帯のシフトにも入り、まわりのマネジャーに、「私はナイトも入っているのよ」と仕事過多を嘆く。ただし、それは前もって、他の店舗にヘルプ要請を出さない池田自身のエリアマネジャーとしての状況判断の遅れからくる仕事過多に他ならない。

店舗マネジャーの中には、日常の多岐にわたる業務をこなしきれず、仕事を溜め込んでいるものもいる。エリアマネジャーの木下巧が、担当する複数店舗で、トレーニング待ちの店員を一五人も抱えていることが明らかになった。面接の採用を行い、新人店員として入店してきているのに、新人に必要なスキルトレーニングをつめないでいる。新人店員の面接を店舗マネジャーに任せていたように、新人のスキルトレーニングも店舗マネジャーに分担して担当してもらわないと一五人のトレーニングは、膨大な業務を抱えるエリアマネジャーに不可能である。実際に、店舗のシフトに入れながら、必要なスキルをその場で教えていく。店舗マネジャーや勤務歴の長い、店舗店員にお願いして、複数人で新人のスキルトレーニングを担当していく。木下は、その分担をしないで、一人で抱え込んでいたのである。

アルバイト店員は、シフトに入らなければ、人件費は発生しない。しかし、スキルを教えなければ、シフトに入ることはできない。日常の業務をこなしながらも、新人を採用し、スキルをトレーニングしていく、この人材を育て補填していく、先を見越した経営がエリアマネジャーには求められる。

5　威圧と命令

組織をマネジメントしていく方法は様々である。攻撃的な言葉や威圧的な態度で組織をまとめていこうとすることもめずらしいことではない。エリアマネジャーの前では、優しい言葉で対応しているが、エリアマネジャーがいないとなると、急に攻撃的な言葉や命令口調になる店舗マネジャーがいる。

スキルをあげて店舗マネジャーへと昇進していく店員のパーソナリティまではマネジメントできない。店舗マネジャーという立場が上になったとき、店員に対して、威圧的な言葉や態度で統制していこうとする。もちろん、こうしたマネジメントでうまくいくのは、一時的なことでしかない。望ましいマネジメントではない。

威圧的な態度でマネジメントがうまくいっていると思うようになる頃、店員は一人また一人と店舗を去っていく。次第にシフトに穴があき、それを店舗マネジャー自身が埋めるようにしていくと、負担は増え、店員への不信や苛立ちもましていく。悪循環へと陥る。

威圧的なマネジメントは、店舗マネジャーへと昇格していった店員のパーソナリティによる、いわば、下からのマネジメントと、店舗マネジャー研修でみられる組織としての上からのマネジメントの両方向から繰り返される。

スーパーバイザーがエリアマネジャーを研修しているときに、「お前バカにならないといけないんだよ。どうせ、お前、バカだろ」という心無い言葉がかけられる。その言葉は、マネジメント研修の終盤で、集団を前にして大きな声でかけられた。マネジメント研修では、新商品の調理工程や、クレーム対応等が議題にのぼる。その半面で、マネジメントの方法について学ぶ機会が少ない傾向がある。こうした研修を受けていて、エリアマネジャーの池田理子は、次のように問題点を述べる。

このようなやり方の研修でマネジャーがどのようにして育つのかと思う。研修を担当するスーパーバイザーが、歩み寄りはなく、一方的に、無神経で攻撃的な言葉を発してくる。いまは、かけられる言葉に、いちいち、傷つかない。もう馴れてしまったし、気持ちをおとしてはいられない。とにかく、言葉に配慮がない。言われる立場のマネジャーが、どのように感じるかを考えることが一切ない。もともと、高校をドロップアウトして、暴走族に属していたマネジャーもいる。過去はどうでもいい。ただ、今は、その環境ではない。問題なのは、今のスーパーバイザーが、そのような環境で、そのマネジャー研修を積んできたこと。攻撃的に威嚇しながらスキルを伝えていくのが、マネジメント研修だという認識かえないと駄目。（池田理子二〇一二年二月二〇日）。

すべてのマネジメント研修が、池田が述べるところの攻撃的で威嚇的なものであることはない。担当するスーパーバイザー次第で、研修で発せられる言葉はかわる。同業種他社のマネジメント研修が、すべてこのような威嚇的なマネジメントであることは考えにくい。異業種になれば、マネジメント研修では、文字通り、マネジメントする方法を実践的に学んでいることであろう。けれども、丼家の研修では、店員をマネジメントする店舗マネジャー、店舗マネジャーをマネジメントするエリアマネジャー、そして、そのエリアマネジャーを育てる役割であるディストリストマネジャーが、そのようなマネジメント研修に参加している実情を忘れてはならない。

6　店舗の悪化

厨房での調理に集中しすぎると、来店した顧客の様子を把握できない。顧客に対して背を向けて、来店を知らせる店内ブザーが鳴っても、反応のない店員もいる。顧客とのコミュニケーションを遮断してしまっているのである。背を向けていると、顧客もそれを感じ取り、注文のタイミングを伺うようになる。

お客さんが何か言いたそうだなとキャッチする。それが大事なこと。ファストフードだけど、何か楽しい雰囲気をつくりだしていく。フロアは舞台であることを忘れてしまっている。常連さんだったら、それを感じているはず。店員はお客さまに、背をむけて、ただ、作業をこなしているだけ。そうすると、お客さんは離れていってしまう。その状態での店長判断は、お客さんがこないので、店員の本数を減らしていく。でも、それは逆で、必要な店員を舞台に立たせて、お客さんのほうをむいて、動いていけば、お客さんは自然と増えてくる。お客さんの認知は、はやい。商品提供までの時間がはやければ、二から三日後に戻ってくる。とくに、平日のランチは、食事に時間のとれないお客さんが大半。そのニーズをとらえておかないとだめ。お客さんに背をむけないことは、相当に、念頭においておかないと、自然と、背をむけてしまう。商品提供の作業化はさけなければならない（吉村武彦　二〇一〇年四月一六日）。

何度も店舗を訪れる常連顧客の獲得は、店舗の経営を好転させていく。近隣に店を構えるファストフードのレストランやコンビニエンスストアではなくて、丼家をリピートする理由は、提供される商品の味や質もさることながら、そこで交わされる店員とのコミュニケーションにもある。背を向けて、顧客が店内へと入ってきた店内ブザーにも反応することなく、注文の入った商品の提供を機械的に行っているようでは常連客の獲得は見込めない。商品提供を短時間で行い、簡単な言葉をかける。そうしたやりとりが、丼家での顧客と店員の日常的なコミュニケーションを生み出していく。

店舗は老朽化する。一〇年間使い続けた店舗内のエアコンが故障した。店舗マネジャーから報告を受けたエリアマネジャーは、買い替えが必要であると判断する。その判断に対して、上司であるスーパーバイザーは、新品購入と修理の見積もりの両方を依頼し、購入を渋る。その後、買い替える決断をするに至ったが、エリアマネジャーは、外気がマイナスの温度になる冬場、店舗の環境が良ければ、店員は長居するようになる、という理由からも購入を強く進めていた。ただし、店舗規則は、担当時間の仕事が終わり次第、すぐに帰宅することが決められている。細切れの時間で、店員が入れ替わる現場には、コミュニケーションは生まれない。店舗の控室で談笑する中で、店員は関係性を育み、それがフロアでのパフォーマンスにつながっていく。

店舗でのフロアコントロールと同様に重要なのが、店舗の衛生管理である。衛生管理は、監査員の抜き打ち検査によって行われ、各店舗の合否がでる。衛生管理で不合格が出れば、複数店舗マネジャーや店舗マネジャーの給与にも少なからず影響してくる。「毎日の業務のなかで緊張感が失われていく現場を見直し、店員の認識を改めるのに衛生管理は欠かせない」(二〇一一年一一月一五日)と吉村武彦は述べる。

> 店舗責任者は、「空気」が悪くなっていることを感じ取らなければならない。同僚の店員が、楽しく働いているか、どうか。「空気」が悪くなれば、店員は簡単に店舗から離れていく。「なんでやってくれないの?」と言葉をかけるのでは、離れていく。なんで店員がやらないのかを、考えていくのが、店舗マネジャーの仕事。言葉かけにより店員との信頼関係ができてくる。もし、この状態が続くようであれば、新人高校生店員は、その「空気」を感じ取る。働くことは、楽しいことじゃないと思ってしまう。店舗責任者として、「頑張ること」が、店員を厳しく叱咤していくことになってしまいがち。むしろ、その逆が必要で、店員をいかに褒めていくか、を考える(吉村武彦　二〇一二年四月一七日)。

店舗は生きている。店舗の環境は、顧客だけでなく店員にも少なくない影響を与えている。吉村が述べている「空気」には、二つの意味が込められている。一つは、抜き打ちで実施される店舗の衛生管理検査にも直接影響を与える、店舗の衛生状況としての「空気」である。店内のエアコンが埃で詰まっていたり、排気口にゴミが溜まっていたり、店内の換気扇が機能していなかったりと、店舗の空気が淀んでいる状態である。もう一つは、店員同士の人間関係から醸成される店舗の「空気」である。雰囲気と言い換えると理解しやすい。この意味での店舗の「空気」は、筆者がこれまで確認してきた百店舗以上の店舗で、かなり違いがみられる。自然に言葉が交わされる明るい雰囲気の店舗から、店員間の会話もなく、顧客への反応もない暗い雰囲気の店舗と極端な違いがみられる。暗い「空気」の店舗は、新たに店員として溶け込んでいく気にはなれず、働いている店員も職場に楽しさを見出すことができずに、店を辞めていく。

7　理不尽な客

経営トップからの指令が全国の店舗マネジャーへと伝達される。新商品提供開始時期に噴出するクレーム対応に対しては、「担当全クルーへの事実確認、現場での観察分析を徹底する」ようにと連絡される。現在は、会社から支給された携帯電話で、ＬＩＮＥのアカウントを作成し、全国店舗マネジャーのグループが作成されている。この便利なツールは、店舗マネジャーの時間と空間を越えた連絡を可能にすると同時に、いつでも休みなく店舗マネジャーでいることの不自由さをおしつけてもいる。

担当店舗でのクレーム件数が、全体で共有される。たとえば、関東地区で四三店舗を担当する緒方スーパーバイザーのもとには一三件のクレームが寄せられた。二〇一一年一一月の一週間でのクレーム件数である。クレーム発生率でみると、約三〇％で三店舗に一件の店にクレームが寄せられたことになる。エリアマネジャーの中山は、担当八店舗で五件のクレームをだし、発生率は、六二・五％である。

「俺のほうが、はやく頼んだのに、なんでこねえーんだよ。これ、俺の商品だろ」と店内で怒鳴りあげる顧客。そのような場合には、他のお客さんの関心をひくことが大事。あえて大きな声で、はっきりと対応して、その場にいるお客さんにも、このやりとりを把握してもらう。「長岡さん、きをつけようね。お客さんをみてね」と、お客さんに聞こえるように注意を促す。商品を持っていく時も、他のお客さんにも聞こえるように、「もうしわけございません！　今、すぐにお持ちしますね～」という声とともに、配膳する。このように、誇張気味に謝ることで、たいていのお客さんは落ち着きをとりもどす。常日頃から、できる限り、顧客の人柄を察して、優先行動をきめていかなければだめ（フィールドノーツ　二〇一二年二月一〇日）。

店舗には、店内の異常を知らせる非常時ＳＯＳボタンが備え付けられている。店員がＳＯＳボタンを押すと店内の様子が、音声とともに本社のモニターに映し出され、記録される。深夜営業時の泥酔した顧客や顧客間の揉め事、店員への文句等、様々な顧客に対応しなければならない。夜間は、店内の顧客が少なく、顧客に危害が及ぶリスクが少ないものの、顧客の目がないということで店員が標的となることが多い。

昼間は、店内にいる他の顧客の存在をうまく用いて、難癖をつける顧客を落ち着かせることができる。難癖をつける顧客への対応は、ＳＯＳ通知や警察への通報から、他の顧客の存在を使うものまで様々であり、その状況で対応する店員の迅速な判断が、場を落ち着かせる鍵を握っている。

緊張感が走る。顧客が憤慨している。クレームの発生だ。食べかけの商品を持ち帰ることについては、店舗の規則で衛生上禁止されている。その規則に基づき、「お持ち帰りはできないことになっています」と顧客に伝えると、「なんで、俺が買ったものなのに、もってかえれないんだ」と憤慨した。その様子に臨機応変に対応したマネジャーは、最終的に、容器を渡し、持ち帰りを認めた。その直後に、このやりとりを監視カメラでみていた本部の担当者から店舗に電話が入る。「なぜ、規則に従い、一度、駄目といったことを覆して、持ち帰りを認めたんだ」と叱咤された。

規則か現場の判断か。規則に従えば、店舗マネジャーの行動は間違っている。目の前で憤慨する顧客に対応する最善策として、現場の店員の身を守るという監督責任のある立場としても、「持ち帰りを認める」という判断は、一つの解決策であったことは否めない。こうした現場で憤慨する顧客に対しては、感情の変化を見せずに、落ち着いて、淡々と対応できるようになるには、現場での経験が必要。同じタイミングで、緊急時ボタンを迅速に押すことや、一一〇番をして、地元の警察に事態収束をはかるように電話要請することも不可欠である。

店舗に寄せられるクレームは、①提供時間、②異物混入、③接客態度、④店舗衛生、⑤味・温度の五つに大まかにまとめることができる。①提供時間へのクレームは、顧客数に対する店員の数が足りず、注文商品の提供に時間がかかる場合と、新人店員の不慣れな対応によるものがほとんどである。②異物の混入は、丼の中に髪の毛やゴミが入っている場合が多い。顧客が故意に虫の死骸などを入れてクレームをつけてくる場合もある。③接客の態度は、注文した商品とは異なる商品が配膳されたことを指摘しても、謝罪の言葉がなかったり、店内に入っても一切声掛けがないこと、店員同士の調理場での私語の多さに寄せられる。咳を何度もしているにも関わらず、マスクもしていない店員に対してクレームがきたこともあった。④店舗の衛生は、エアコンや排気口の埃が店内に落ちているという指摘や、店内の汚れに関するものである。⑤味や提供商品の温度については、味が濃すぎる、塩辛い、美味しくない、冷めていた、熱すぎるというクレームがつく。

これらのクレームは、店舗で直接店員と対面して発せられるものもあるが、会社のホームページ上に、匿名メールで厳しい文面で寄せられることも多い。メールで投函されたクレームについても、エリアマネジャーと店舗マネジャーが連絡をとり、クレームを投函した方への連絡と必要な場合には、謝罪に加えて、再発の防止を徹底していく。店員の不注意によるものもあるが、なかには、理不尽なクレームもみられ、そのクレームへの対処も、エリアマネジャーや店舗マネジャーの的確な判断が不可欠である。

8　離職の根拠

店舗経営をしていくと様々な問題に直面する。券売機やレジの故障、炊飯器や鍋の故障等の設備の不具合に関する問題。悪天候や震災時の店舗を含んだ地区の集合停電、といった環境要因からくる問題。そして、店舗を支える時間帯責任者や深夜帯の店員の突然の離職、による人材の問題などである。設備の不具合や環境要因による予期もしないトラブルへは、その状況下での柔軟な意思決定や対応が求められる。なかでも、人材の不足に関する不測事態については、ある程度、想定し備えておかなければならない。

二四時間のシフトをまわしていくのに、店員の人員は不足傾向にある。その理由は、第一に、競合他社との差異化戦略が図れていないこと。第二に、対外的なブランディング戦略が機能していないこと。第三に、非正規学生アルバイトの採用を軽視していること。などがあげられる。同時に、採用された店員の離職も問題である。短期間のうちに離職するものもいれば、店舗マネジャー等についてからの激務で離職するものもいる。さらに、昇格試験の難しさも関連しているという。現場レベルは、店舗管理や人事を担当する店舗マネジャークラスが不足している。にもかかわらず、店舗マネジャーへの昇進試験が容易ではない。内容はテキストを一字一句を丸暗記して解答するという、現場で求められている実践的な知識とはほど遠い、形式的な試験となっている。慢性的な人員不足と店舗マネジャーの過剰労働により、複数店舗マネジャーは、①店舗マネジャーの離職、②非正規雇用主婦層の離職と店舗マネジャーへの昇進拒否、③非正規学生アルバイトの離職の問題を抱えている。

店舗マネジャーが仕事の現場から離れてしまうこともしばしば、起きている。一歳の子どもの父親である三二歳の中元は、「仕事に対してモチベーションがわかず、働きたくない」という。この言葉は複数店舗マネジャーに発せられた返答であるが、シフトを放棄して店を欠席し、連絡もとれないことが多い。子供の世話をする妻にも暴言を吐くという行為を頻繁に繰り返している（二〇一二年一〇月二四日）。

関連して第二に、子育て期間にある主婦層店員の昇進拒否の問題がある。平日の昼間には、大半は主婦店員が仕事に従事している。個人差はあるものの、仕事を覚え、きっちりこなしていく。ただし、ひとたび、仕事が集中して勤務時間が長くなったり、責任がかかるような立場になると簡単に離職するものも少なくないという。三六歳の店舗マネジャーが、仕事を辞めることになり、現場の仕事を任せられることになった三一歳の主婦店員田口喜美は次のように山口に電話で返答したという。

マネジャーが辞めることで、私に責任がふりかかってくるのです。シフトも私が組むのですか？　私はやれといわれたことは、完璧にこなします。ただし、責任は持ちたくありません。責任は持ちませんが、今いる二人の新人はもっと仕事できないと思います。このお店をアルバイトだけでまわすのは、信じられません。このような不信感を抱いているのは、全員だと思いますよ（田口喜美　二〇一二年一〇月二四日）。

田口はあらためて電話をかけてきて、「私辞めます」と言った。このように仕事の集中や責任がふりかかると離職を希望する。子育て期間にある主婦層は、離職を選択する傾向にある。逆に、中学生や高校生になって、子どもの手が離れ、教育費がかさむようになってくると、簡単には辞めない。

店員はシフトの欠員があると他店舗のシフトに入ることもある。事前に店員の欠員がわかれば、他店舗に依頼のメールをかける。店舗人員が不足するときに、補充しあう。他店舗間のヘルプ店員と本部にもヘルプ店員がいる。こうしたヘルプの経験は、店員間の交流を生み、それが店舗間のゆるやかな連携を構築していくことにもつながる。深夜帯の急なシフトの穴埋めや片道二時間以上の新幹線を使った店舗ヘルプ等も頻出し、ここには二四時間営業でかつチェーン店舗での営業を続ける丼家の過酷な労働の実態が伺える。店舗マネジャーの田崎直哉は、「店員がいなくて、エリアマネジャー自らシフトに入り、三六時間連続して入ったこともある。そのときには、辞めようかと思った。この業界は、人がいないと始まらない。二四時間営業のシフトをどう埋めていけるかどうかは、いつも悩み」(田崎直哉　二〇一一年九月一〇日)と吐露した。

本部社員と現場を統括するエリアマネジャーでは、月給にして五万円ほど、エリアマネジャーのほうが高給である。二四時間のマネジメントでなくなり、事務職になるので、仕事は楽になると考える人がおおい。本部への転職希望は、ナイトのシフトが埋まらず、自分で埋めてきたことによる負担増が理由である。ナイトのシフトは、基本、夜一〇時から朝八時まで、身体的にはかなりきつい。

数週間休みをとっていないとか、三六時間休まず、働いているといった、過剰労働に陥るマネジャーもいる。そのような問題が発生する原因は明確で、シフトに入る店員がいないからである。とくに、経験の浅い、若手社員の店舗マネジャーが陥りやすい。自店舗でシフトを埋める店員がいなければ、経験あるマネジャーであれば、他店舗や他のマネジャーにヘルプ店員の要請を事前にしていく。経験の浅い若手マネジャーは、自らが「最後の砦」となって、シフトに入り、店舗の営業を続けていこうとする。自らが連続して、シフトに入ることで、一時的には問題を回避することができる。しかしながら、それでは問題の解決ではない。

その対応をしないで、昼夜を追わず、空いたシフトを埋めていくようになると、過剰労働となり、必ず身体が悲鳴をあげる。精神状態も不安定になってくる。こうした問題を避けるために、店舗マネジャーは、シフト要員ではなくて、店舗のマネジメントが重要な職務であることを認識させなければならない。そのことを理解していても、先輩マネジャーや年齢の上の店員に、シフト要請をしづらいこともある。その点を踏まえて、若手マネジャーのサポートをエリアマネジャーはしていく必要がある。

マネジャーの目標管理にとって重要なことは、「自らの仕事ぶりをマネジメントできるようになること」（ドラッカー 二〇一一：一四〇）であると言われている。けれども、この「自己管理のマネジメント」が、売り上げ目標管理や他の店舗管理マネジメントと比較して、容易ではない。店舗の欠員を補填する「最後の砦」として、自己の身体を賭けることが、店舗マネジャーの役割の一つであると現場では理解されている。

9 開店の重責

店舗の開拓と出店には、出店先近隣地区での同業他社の出店状況や、店舗への交通アクセスや、顧客となる層に関する多面的な要因分析が欠かせない。綿密な分析と店舗出店場所の土地契約や、店舗物件の賃貸契約を済ませたあと、開店準備を実質的に担っていくのは、出店店舗に比較的近いエリアですでに店舗を開設し、日々、店舗経営に携わる店舗マネジャー達である。

今でこそ、ドライブスルーでの購入や通信販売で、商品を購入することが可能であるが、丼家で紡ぎだされるドラマの数々は、店舗でうまれる。その店舗は、商品提供の作業のために、徹底的に効率化された空間であると同時に、顧客にとって快適な空間でなければならない。顧客第一主義を掲げてきた松屋は、創業以来、地域のニーズに適応させ、「カスタマイズ型」の店舗を開発してきた。店舗のデザインやアメニティにもこだわり、五感に響くスタイリッシュなインテリア空間を創出するために、最先端の人間工学を取り入れている。既存店舗のリニューアルにも積極的に取り組み、二〇一二年度には、六六店舗を改装している。[*1]

店舗はどのようにして創られるのであろうか。この手順を見ていくことにしたい。新店舗の開店には、店舗開設の立地と従業員、提供する食材、そして、保健所からの営業許可書が必要となる。吉野家では、損益分岐点の試算、フランチャイズ・エリアの出店加速、さらに、他社とのエリア競合を戦略的に考えたうえで、出店を加速させている。新規出店・店舗開発は、「仮説→実験→検証→導入」という手法が徹底されている。年間開店目標店舗数を重視しすぎて、失敗店舗を生み出すよりも、成功店舗を着実に出店していくことを戦略にすえている。立地特性から客数の予測を算出し、売上と粗利益、その他明確な数値基準をつくり、出店を判断していく。出店候補地は、駅前型店舗と郊外型店舗の二つである。

駅前型店舗は、駅前や繁華街に適していて、乗降客五万人以上の駅前、乗降客一〇万人以上の駅周辺を目安としている。四・五メートル以上の間口を条件として、二五坪から三五坪からなる一から二階のフロアを候補地として募集している。郊外型店舗は、主要幹線道路沿い、または主要生活道路沿いを立地条件とする。敷地面積は、二百坪以上で、間口は二五メートル以上。一二時間で一万台以上の車両通行量で、人口増加率が高いエリアや、店舗側の走行車線からみて目立つ場所が

表3－1　新店舗の開店条件*2

	駅前型店舗	郊外店舗
営業時間	原則24時間	原則24時間
店舗面積	目安25坪～30坪	敷地目安200坪～300坪程度・建物密集地では200坪以下でも検討可・敷地間口が25m以上。角地では20mでも可
立地場所	1日乗降客20,000人以上の駅から50m以内。人目につくところ。	車両通行量の多い生活道路、街道沿い
立地特性	事業所街やオフィス街の飲食店舗の少ないところ。	集客施設又は事業所等が多い地域
店舗条件	原則1階路面店舗。（地階や2階だけの単独出店は不可）	現状更地を希望、居抜きも検討可・商業施設内、マンション等も検討可

望ましい。店舗面積は、二五から三〇坪とし、一五台以上を駐車できるスペースが必要とされる。なお、敷地面積が四百坪を超える場合には、他店との複合型の出店も積極的に推進している。全国を対象として、建設協力金として一、〇〇〇万円から二、五〇〇万円支出される。駅前店舗と郊外店舗のどちらも、二四時間営業を原則としている。松屋での新店舗の開店条件は、上記の表にまとめることができる。

二〇一一年七月、光が丘店舗の出店に向けて、その総責任者を任されたのは、光が丘店舗から二〇キロほど離れた鷹山台店舗や、その他四店舗を担当していたエリアマネジャーの山本佳典である。三五歳の山本は、五店舗の複数店舗をマネジメントするエリアマネジャーであるが、新店舗の出店ははじめての経験である。ディストリクトマネジャー横村直樹の判断による、山本への期待を込めた抜擢人事でもあった。

その山本のもとに、モーニング・ランチの時間帯のアルバイト店員の研修を担当するマネジャーが四名とディナー・ナイトの時間帯の研修を担当するマネジャーの二名が配属された。この六名は、それぞれに複数店舗を担当するエリアマネジャー、一店舗のみを担当するストアマネジャー、店舗での時間帯責任者をつとめるキャプテン、から構成されている。既存店舗を経営する中核的マネジャーが、この新店舗の開店を円滑にするために、招聘され、特別チームを形成し、店舗の土台作りに取り組んだ。

このメンバーで店舗開店に向けて、急ピッチで準備をすすめていく。三ヶ月間を開店準備期間とし、店舗の外装・内装の完成後に、搬入期間を一週間確保し、その期間に別所で、新人アルバイト店員の募集・面接・研修を並行して行っていった。アルバイト店員の募集方法は、ポスターを発注する。ポスターには、店舗名、時給九〇〇円、高校生時給八五〇円、深夜時給一、一二五円、を記載した。

新店舗のオープニング店員を募集していく。一斉に募集をかけ、集まってきた二九名の面接を二名のマネジャーで実施した。その中から、一六歳から一八歳までの高校生店員八名を含む合計一四名がオープニング店員として採用された。

採用された店員のほとんどが、経験値がゼロに近い状態で、集団で研修を積み重ねて、一気に、接客のレベルを上げていく。調理の技術はまだまだ、不十分であるので、立ち上げ期間は、各地区からマネジャークラスが毎日、新店舗にヘルプに来ていた。

本部は、仕事を任せる店舗責任者に対して、新店舗オープンがいかに大事で、ここが勝負であるかと伝えていくかが大事。そうでないと、エリアマネジャーは、通常の仕事の中で、新店舗を並行させて仕事をしていく。それでは、新店舗はまわらない。新人店員の研修も、生半可なやり方ではだめ。集中的に、集団をスキルアップさせて、開店にむけて、モチベーションもあげていくようにする。店舗開店の一ヶ月は、ほんとに大事。店員にも、お客さんにも気を配り、体制を作り上げていく（山本佳典　二〇一一年九月七日）。

新店舗が開拓され、開店に至る、そのプロセスを担うのは、マネジャーであり、店舗ごとにドラマがある。光が丘店舗の開店にむけて、山本のサポートについていた、佐山薫子は開店を振り返り、次のように苦悩の経験を吐露した。

新店舗オープンは、できれば、かかわりたくない。精神的にキツイ。最終的に思うのは、私自身は、仕事だけで生きていなくて、家庭のこともやりながら、それでも、新店舗オープンに向けて、全力でむきあってきた。プライベートも、その期間は、犠牲にしてでも、会場をとり、すべての店員の面接をしてきた。にもかかわらず、この二ヶ月間、必死に積み上げてきたものを壊すのは、一瞬なんだと痛感した。それも、自分が関わらないところで、店舗マネジャーが、いとも簡単に一日で壊した。それに直面したときに、もう限界だ。店を辞めようと思った（佐山薫子　二〇一三年五月一九日）。

佐山が「必死に積み上げてきたものを壊すのは、一瞬なんだ」と語っている出来事とは、新店舗の開店直後、シフトが埋まらず、シフト表が穴だらけのまま、店舗マネジャーが、親戚の不幸ということで突如、実家に帰省してしまったことである。理由はどうであれ、店舗マネジャーが、自らの役割を放棄して、帰省したのである。その後、数日間、店舗マネジャーは、連絡メールにも反応をしなかった。

佐山が店を辞めようと思うにまで至ったのは、穴だらけのシフト表を、そのまま、店舗事務所に貼り付け、新人店員の目につくようにしたことである。新人店員は、穴だらけのシフト表をみて、自分がこの穴を埋めていかないと駄目なのかと悟る。店舗開店にむけて、佐山は、新人店員の一人ひとりの顔をみて、それぞれの表情を確認するようにして、シフトを大事につくっていた。シフト作りは、店員とマネジャーとの信頼関係ゆえに円滑にいくものなのである。マネジャーに直接頼まれることで、シフトを埋めよう、マネジャーの為に、店舗の為に、働こうと思うのだ。

穴だらけのシフトの掲示は、これまでの積み上げてきたマネジャーと店員との信頼関係を根本から壊す行為である。有望な新人店員は、その掲示をみて、辞めていった。佐山は、この出来事の二週間後、上司であるエリアマネジャーに、退職の意向を伝えた。

店舗は、調理場、配膳台、テーブルやチェア等の設備が揃ったところでオープンできるわけではない。採用した新人店員をトレーニングしていき、店舗設備を最大的に活かすチームをつくっていかねばならない。そのために、いかなる舞台を創り上げていくのかという共通理念を伝達していく。新店舗で掲げられたのは、①一番大切な人を連れてきたいお店であることと、②ここで一緒に働いてみたいという思いを抱かせるお店であることである。ふとわれわれが目にする新店舗は、その裏側のあらゆるプロセスにおいて、それを手掛けるエリアマネジャー達の涙ぐましい努力があり、それらを積み重ねていった先にようやくにして辿り着く、スタート地点なのである。

＊1　http://www.matsuyafoods.co.jp/
＊2　本表は、松屋の店舗候補条件をもとにまとめたものである（http://www.matsuyafoods.co.jp/）。

第4章

経営の極意

サッカー型経営。プロの選手は、一人ひとりが自分の頭で考えて、自分の役割を明確に意識しながら動いている。特に、試合では相手と仲間の動き、残された時間、得点差などを常に考え、瞬間的に的確な判断を下していく。また、思い通りに動けるよう、常にトレーニングをしている。プロとしての強い意識を持ち、総合的な自己マネジメントを身に付けている。……どんな分野でもプロとしての強い意識を持ち、真剣に取り組む。そんな高い能力を持った個人が有機的に動き続ける企業（小川賢太郎[*1]）。

1　利益の追求

年齢、性別、社会属性の多様な人びとを、自ら気持ちよく挨拶のできる店員へと育てあげていく過程なくして、顧客にとって居心地の良い店舗空間は生まれない。本調査を始めたころの私のフィールドノーツには、次のような文言が記されている。

厨房の中の動きがとてもスムーズだ。注文した牛丼は、注文してから自分の目の前に商品となって配膳されるまで九秒だ。速い。商品が形になっていく過程は、世界強豪のサッカーチームが、絶妙なパスワークでボールをまわしていく様子に似ている。動きに無駄がない。流れている、絶妙に連携が取れている。笑顔のパスワークだ。このスピードとクオリティ、連携プレイは、世界一だといえるだろう。この連携プレイはどのようにして、可能になるのか。このスピードはいかにして生み出されているのか。興味は尽きない。センターにポジショニングする司令塔のような従業員が、この連携プレイをコントロールしているに違いない（フィールドノーツ　二〇〇八年六月七日）。

エリアマネジャーに課せられた最重要タスクは、担当する店舗の一円でも多い利益の獲得である。店舗という一つのまとまりにも、様々な経費が嵩む、単純に言えば、それを越えうる利益を上げていかない限り、店舗の存続は厳しい。新商品の開発は、本社の担当部局の仕事であるため、そこに頭を悩ますことはない。担当部局が洗練させた新商品を本社で開催されるスーパーバイザーとエリアマネジャーが参加する会議で吸収し、それらを店舗マネジャーやアルバイト店員に落とし込んでいく。店舗に備え付けられているコンピューターを使って、社内で配信されている新商品の製造工程を習得していくこともできる。販売を時期的に強化していくキャンペーン商品についても、同様のプロセスで、全店員に迅速に共有していく。これらの情報の共有とともに、重要な要素をしめているのが、いかに効率よく効果的に、来店する顧客に商品を提供していくかということである。売り上げをあげるという明確なタスクを達成する為には、様々な問題の解決や店舗のマネジメントが欠かせない。このタスクを見事に達成し、国内一、〇〇〇店舗以上ある同チェーン店舗で、毎月全国トップ五の売り上げを叩き出している店舗から、経営の秘訣を炙り出していく。

売上好調な店舗の特徴は、来客数が他店舗と比べて多い傾向がある。同一の商品ラインナップで同価格で提供しているのに、来客数が多い店舗と少ない店舗が、明確に分かれる。この来客数に含まれるのが、新規顧客と常連客である。この「客数」に着目した経営に取り組んでいる吉野家は、次のように明示している。

顧客からの支持の絶対的なバロメーターとしては客数を重視している。客数は、市場にいかに受け入れられているのかの指標であり、客数の増加こそ、お客様の支持の高まりが表れる。新規顧客の獲得以上に、現顧客の来店頻度を高めていくことを重視し、吉野家だからこそ得られる満足を提供し続けていくことを大事にしている。顧客の支持を得るために何が必要なのかを最優先課題にすえ、商品やサービスの品質を重視した活動を実践している。[*2]

その主な理由に、立地や交通アクセス、駅前店舗、といった点が考えられるだろう。しかし、交通アクセスや人の流れがいいだけでは、全国上位の売り上げを出すことはない。さらに、全国上位の売り上げを出している店舗で興味深いのは、来客数が多いだけでなく、来店するアルバイト店員数も多い傾向にあることだ。そのような店では、勤務時間外のアルバイト店員が、原則的には、勤務時間以外の来店は禁止されているにも関わらず、店舗で働いている店員や店舗マネジャーに会いに来る。店員が店舗にきたいという思いを持つようになると、その店舗は、好順なサイクルを作りだし、売り上げを伸ばしていく。

売上の伸びている店舗では、アルバイト店員が潤沢にいる。その店員が辞めていくことが少ない。アルバイト店員同士が円滑なコミュニケーションをとり、アルバイト前後でも行動を共にしたりする友人関係が構築されている。店舗を週に何度も訪れる常連客の割合がおおい。一人で店を訪れる女性客が他店舗と比べると圧倒的に多い。週末には、子供連れの家族客が来店し、店舗が賑わっている。

賑わう店舗も半年前は、来店客も少なく、売り上げも低迷していた。山口が担当するようになり、数ヶ月で、売り上げを驚異的に伸ばしていく。山口が行うことは、店員の意識改革である。山口は毎朝、七時三〇分から八時までの間に、一日の業務タスクや業務目標をまとめ、店舗マネジャーやアルバイト店員に連絡メールを送信している。この業務連絡メールは、エリアマネジャーに課せられた必須業務ではない。

二〇一二年二月六日の業務連絡メールには、「店舗店員諸君！　日々の努力は報われます。米一粒、一粒に気を配り、スマイル・スピード・あたたかい接客を目指しましょう。皆様が勝ちとった信頼でクレームを覆すことも可能です。精進して今後も数字をとっていってくれ〜〜〜。コングラッツ！」と書かれていた。短文であるが、ユーモアを交え、店舗店員のやる気をかきたてる文面である。

店舗店員のモチベーションアップを促すメールを送る日と下記のように具体的な指示を出していくメールを織り交ぜている。

店舗店員各位　おはようございます。
①新メニュースタート：デイピーク前に、温度チェックを欠かさず、チェックしてください。
　極力、商品ロスを避けるように心掛けてください。
②不良工事の件：お取引様に原因の報告をもらってください。勿論、再々修理なので、修理代は発生させないように！

③既存商品のクオリティ再確認：濃度と牛肉投入温度を九八度にしてください。九八度に拘り、脂抜きを徹底しましょう。

④クーポン配布：前回クーポンを配布した近隣事業所への御礼と、御贔屓をお願いしながら配布にいってください。売上低迷中の野原店舗は、クーポンを完全配布すること。

⑤労働時間：A店舗（一六・五）B店舗（一二〇・八）C店舗（一六・六）D店舗（一一四・一）E店舗（一三・一）御覧の通り、E店舗のみ、労働時間一三・一時間を膨らませています。逆に、B店舗では人材が足りていない時間が在ります。お客様に迷惑をかけているかもしれません。確認してください。店員のスキルが上がっていると前向きな判断ができます。皆さん、必死で営業しています。改善できるところは、きっちりやりましょう。

⑥シフト：本日は雨天の為、労働時間カットしていきましょう。労働時間は、後からの改善は無理です。始めからしっかりカットしておくこと。（二〇一三年一月一八日）

店舗マネジャー宛に送信しているが、アルバイト店員も、希望すれば、この業務連絡メールを受け取ることができる。この勤務時間外に配信されるメールが、担当する店舗マネジャーと店員での情報共有を円滑にしていく。山口は、メールをおえ、家事をおえると、担当店舗の来店をしていく。店舗への移動は、借上車両登録をした自家用車を利用し、一日で二から三店舗に来店していく。

売り上げは、偶然出るものではない。店舗内でのすべての要素を改善しながら、一つひとつパーツをかみ合わせていくことで、その結果が売り上げとして形になる。店員の集合的なパフォーマンスを落とさないようにしながら、人件費を極力抑えていく。高校生や大学生等、人件費の安価な店員でシフトを編成し、商品提供能力が落ちてしまっては、店舗経営の視点からみると、マイナスなのである。同等の時間給でも、パフォーマンスにはかなりの違いがみられるし、一人の店員をとってみても、短期間にスキルを向上させ、集合的なパフォーマンスを押し上げていく者もいる。そこで店舗マネジャーは、店員の個人的な状態を的確に把握しつつ、商品提供能力を下げないようにして、人件費の調整をしていく。

土日のシフトは学生が基本。シフトを組むときに、主婦を外すと、人件費が安くなる。人件費をおさえて、五人をいれる。学生と主婦は五〇円違う。この違いが大事。この五人でチームワークを行う。この店員の関係性が悪いだけで、生産性が全然違ってくる（木口典子　二〇一二年二月一九日）。

人件費の調整とは、単に人件費を軽減させるだけでなく、フロアパフォーマンスを落とさないように配慮されたものでなければならない。しかし、この調整業務は、店舗マネジャーの力量にその大半を委ねられていて、この調整業務の卓越した店舗マネジャーの店舗は着実に人件費コストを落としながらも、売り上げを伸ばしていく。

2　意識の連鎖

売上が落ちている店舗をいかに立て直すかは、エリアマネジャーに課せられた重要タスクの一つである。経営状態がうまくいっていない店舗には、その原因がある。エリアマネジャーは、その原因を分析していく。経営状態がうまくいっていない店舗は、マネジメントが機能していない。店舗責任者が、各店員のマネジメントできていない。

経営状態が思わしくない店舗は、店舗マネジャーと店員との関係が上手くいっていない。店員の働きぶりに対する的確なアドバイスがもらえないのである。何をどのようにしていくのかについて経験的な助言がもらえないのである。そうすると、働くことが、機械的で、気持ちの入らないものになる。そのような店舗を生まれ変わらせることもできる。

担当一週目は、何も言わずに、事務所を中心に掃除していく、二週目は、メッセージ張り紙を通じて、褒めていく、三週目に、改善点を端的に指摘する。「汚いじゃん、おかしいじゃん」とかを指摘していく。そのあとは、明確な数値目標を与えていく。

今からの二時間は、〇〇円売り上げていくよとか、週末までに〇〇円売り上げるよと、数字を具体的にあげながら、共有させていく。そのときに、店舗で中心となる店員が、わかっている場合には、その店員にどのように言えば、伝わるかを考えながら、全員宛にメッセージを書いていく。「こんなに汚くていいのですか」と連絡帳に書いておくと、その店員が「それは、アルコールを使って拭いていくと、綺麗になりますよ」とか、改善方法を書くようになる。そうなると、連鎖して店員の意識が変わっていく。そのコメントにたいして、「いいね！　ぜひ、実行しましょう」とか、返答しておく。そうすると、勤務中に、どんどん綺麗にしていくようになる。そうすると、お客さんが、「あれっ」って気づくようになる。動きが出てくるようになる。「この店なんか、綺麗になったね」とお客さんに言われるようになると、売り上げは伸びる。それぐらい、意識的に、店内を変えていく（山口文香　二〇一二年三月二五日）。

店舗マネジャーやエリアマネジャーの担当地区や担当店舗替えは、店舗の経営にとって重要な転機となる。すでに営業を続けている店舗では、店員はそれぞれ働き方を実践し、それが店舗の働き方として根付いている。売り上げが芳しくない場合には、店舗マネジャーやエリアマネジャーを変えることで、店舗の働き方をドラスティックにかえていくことができる。

興味深いのは、商品提供の時間短縮の労働スキルを教えたり、人件費の調整を行っていくと同時に、店員の働くことに対する意識、店舗に対する意識を変えていくことをマネジメントしていく点である。具体的な売上目標を共有し、意識化させていく、その成果を他の店員も確認できる形で連絡帳でフィードバックしていく。何よりもまず、丼家とは食事を提供する空間である。食する空間が綺麗に清掃されていてマイナスなことはない。日々、隙間時間に店舗内の清掃を続け、店舗空間

表4-1　店舗チェック項目

店舗衛生	清掃状況	水漏れ	トイレ
店内設備(汚れ)	床、椅子、テーブル	窓、ドア、エアコン	カウンター、鏡、蛍光灯
店員衛生	清潔感	みだしなみ	手洗い
商品管理	商品在庫状況	商品適正管理(温度・品質)	冷蔵
味の管理	濃度	硬度	タレ
労働スピード	店内移動	商品提供時間	商品回収
顧客サービス	声かけの高さ	笑顔	接客
金銭管理	店内小口現金	レジの釣銭	販売機内現金
販促物	配置	見栄え	消耗具合
店舗課題	クレーム対策	情報共有	チェック表の記入状況
リスク管理	店内リスク	店頭リスク(破損・劣化)	看板・駐車場リスク

を見違えるほどまでに綺麗にしていくのである。この変化は、店員に対する大きな意識の変化をもたらす。一度、その変化を体感した店員は、今度は自ら積極的により良い店舗を構築してくために、働いていくようになる。

商品提供のオペレーションを改善していく以前に、とりかかるのが、圧倒的に清潔な店舗を目指していくことである。汚したくないと感じられるほどに綺麗に磨かれた窓、埃一つない床、である。

埃一つない床にしていく最適な方法は、マネジャー自身が率先して掃除をしていくことだ。事務所環境を改善していく。新規に採用された店員が事務所に入ってきたときに、その事務所で清潔感を感じるのと、それを感じないのではその後の店舗衛生にとって大きな違いをうみだす。事務所が汚いなら、店舗が綺麗になることはない。

店内の清掃を一生懸命取り組んでいる店舗もある。けれども、その店舗の事務所が煩雑であれば、その店舗の売り上げは、落ちていく。逆に、店舗売り上げがいまいちであっても、事務所の環境を良くして、気持ちよく店員を送り出していくようにしていれば、自然と売り上げがあがってくる。私が見てきた限りにおいて、事務所の環境が綺麗で、店舗の売り上げが思わしくない店舗はない。マネジャーの大事な仕事として、事務所を意識的に綺麗にしていく。事務所を綺麗にしてくださいと、店員に声をかけるのではなくて、マネジャー自ら事務所の清掃と整頓を行っていく。その日々の取り組みが、店員からの信頼を生む。この清掃自体は、そんなに時間のかかることではない。毎日やることで、店舗への愛着が生まれてくる。ドアのレールの汚れが、気になってくる。汚いから清掃したくない、というのは店舗マネジャーとして失格。汚いから徹底的に清掃する。自分が取り組んでいることを誇示しない店舗マネジャーは、店員の信頼を得る。逆に、「私がこんなにやっているのに、なぜ、やらないの」という態度をみせてしまう店舗責任者は、信頼を失っていく。店員もそれぞれ「頑張っている」という自覚がある（山口文香　二〇一二年三月二五日）。

築年数が経っているので、店内や事務所が汚いのは仕方ないと思っている店舗マネジャーやアルバイト店員に対して、そんなことはなくて事務所は見違えるほど、綺麗になるという変化を体感させる。その変化を経験させると、山口マネジャーは、事務所内に手書きのメッセージ張り紙を掲示していく。「店員間のチームワークがしっかりしている。店内の隅々を綺麗していくとさらにいい」というように、褒める部分と改善する部分が掲示される。メールやＬＩＮＥではなく、あえて事務所内掲示をしていくことで、店員の働き方が目にみえるようにかわっていく。声もでてくるようになり、売り上げも日に日に上がっていく。

積極的に店舗の経営に向き合うようにしていくことは、アルバイトの離職を減らしていく特効薬だ。

アルバイトが辞めていかないようにする工夫は、マンネリ化を防ぐこと。仕事のスキル以上のぎりぎりの負荷を与えていくことである。スキルを覚えて、慣れてしまうと、自分じゃなくても、この仕事はできる。そのように考え始めるのだと思う。そうなると、すぐにいろんな理由で辞めていく。それをふせぐには、やりがいをもたせてあげる。あなたのスキルが優れているから、この売り上げが出ているのだよ、と結果もみせていく。アルバイトから現場の役割責任者、その先に、店長へと、ステップアップしていく道筋を示していく。店長昇進試験は、筆記問題と実技テストから評価されるので、その対策をしっかりとトレーニングする。課題を挙げていくと、お店は成長していく。存在意義を感じさせる、これがポイント。ただ、マネジャー研修とかで、このような視点は共有されていない。マネジャーとしての仕事として大事な人材マネージメントの部分で重要。私自身は、アルバイトにもぎりぎりの負荷を与えていくことが大事であることを、これまでの経験から学んできた（杉本一志　二〇一四年一月二〇日）。

アルバイト店員の意識を店舗の経営へと向けていく。やりがいを持たせ、「あなたのスキルが優れているから、この売り上げが出ているのだよ」と店舗組織の重要な部分を担っていることを伝えていく。店舗を経営していく上で、ミンツバーグ（一九九三）も指摘する、マネジャーのリーダーシップが発揮されるところでもある。アルバイト店員にとってみれば、マネジャーから認められ、褒められることで、働くことが意味づけられていく。機械的な労働ではなく、人間的な労働として、丼家で働くことの内在的な意味がかわるのである。

だが、この肝心な部分のリーダーシップマネジメントは、マネジャー研修では行われる機会が少なく、マネジャーの属人的な要素に依っているのが現状である。ここは改良の余地の見込める、改善点であるといえる。

このようにして、大型商業施設に隣接する菊名店舗は、客層に変化がおきた。平日や休日ともに、女性客の割合が他店舗と比較して高い。一人で来店している若い女性客の姿も目にする。丼家というと男性客の売り上げが大部分を占めているので、新たに女性客を獲得していくことは、単純に売り上げをのばしていくことにつながる。

このお店の変化は、大きい。隣接するパチンコ屋の利用客が、この店舗に流れてくるようになった。お客さんの一人と話していたら、「ここにくるまでは、お昼はいつもコンビニでパンとかを買っていた」と言っていた。女性客が、お店に足を運んできてくれるようになることで、お店の雰囲気もかわる。女性客がきてくれるようになるには、店内にゴミが落ちていたらひろってね、とか、カウンターを綺麗にふいておいてね、とか、ほんとに、小さな積み重ねを続けていくことが大事。ただ、それがなかなかできない。主婦店員には、「自宅と同じぐらい綺麗にしてください」という言葉をかけると一番響く。「プライベートがみえちゃいますよ」とちょっと意地悪な言い方かもしれないけど、お店も自宅も、綺麗にしておくことが、あたりまえとする。男性店員には、「具体的な場所をしめしながら、これぐらい毎回、綺麗にしておいてくださいね。と仕事として要求すると、かなりの店員がその指示だけで、できる。そういう意識がないだけ。ここまでやってくださいね。と指摘されないから、やっていないだけ。なので、それをかえることは、難しいことではない。売上が伸びない店は、店内が汚い。これははっきりいえる。ガラスも曇っています、人も曇ってます。という、お店には、きたいとおもう人はいない（木口典子　二〇一三年一〇月七日）。

店舗を綺麗にしていく。自宅のように綺麗にしていく。このシンプルなことを徹底していくことで、店舗には女性客が訪れるようになる。女性客の流入は、店員の働き方への意識をマネジメントしていく過程で、店舗を綺麗にしていったことの副次的な効果として得られたものであった。女性客が店舗を訪れるようになると家族連れも増える。女性客や家族連れの獲得によって、男性客が離れていくことはない。むしろ、そのような賑やかになった店舗に、男性客も一人でリピートするようになるのである。

3　プレイングマネジメント

商品提供の効率性は、①動作を最小にする（両手作業）、②動作距離を最短にする（往復作業）、③動作を簡単でムリのないものにする（作業改善）、④道具を有効的に使う（道具の改善）ことで、あげていくことができる。

コストマネジメントは、人件費の調整を行うレイバーコストマネジメント、店舗の設備の購入や修繕を行うメンテナンスコストマネジメント、食材の提供数や食品ロスの軽減を行うフードコストマネジメントの主に、三つのマネジメントからなる。

レイバーコストの調整は、一時間単位ではなく、一五分単位で行われている。休日の昼間のトップピークには、六人から七人の店員で、一時間で一六〇人前後の顧客対応をして、一時間で八万円ほどの売り上げを叩きだすこともある。五〇席ある客席を一時間で三回転以上させる。さらに、客単価の高いファミリー層がリピート客としてくるようになると、一時間で九万円に到達することもある。だが、店舗の厨房設備や客席、店内スペースには限界がある。回転数をあげていくのにも限界があり、経験的にみて、トップピークの一時間三回転が限界値である。

レイバーコストの調整で有効なのが、正社員であるエリアマネジャーや契約社員がシフトに入ることで、人件費を浮かすことである。エリアマネジャーがシフトに入れば、店員分の人件費を削減

表4－2　店舗売上向上の秘訣

水光熱管理	一度節約を根付かせる。ムダをチェックする。
包材管理	原価何円の世界を実感させる。
仕込み数予測	前週の売り上げデータをもとに、売上予想の1.3倍の仕込みをする。
食材の確保	地震・大雪などの天災等で、物流がストップしても、店舗を行き来して、食材をかき集める。食材が確保できれば、非常時でも売り上げはあがる。
メンテナンス申請	修理をしたい箇所を吸い上げるどこをどの月の利益から差し引くか？ を考える。ケチな営業はしない。
人件費	毎日時間数を追って指示だす。 １日何時間のカットをするか？ どの時間で誰がカットするか？ を聞きとる。
素早い動き	素早く行動させる。煽って仕事をさせる。 マネジャーは手を出さない。全て自分でやらせて達成させる。 １杯を作らせる。
接客業の手本	視野を広く持つことを印象づけるパフォーマンスを見せる。 フォーメーションの手本を見せられるとなおよい。
店員の情報	自然な会話の中で、家族構成など聞き出す。店員に対して、家計簿を付けるように教える。プラス働かないと生きる事はお金がかかる！ ということで、働く動機付けを強くしていく。
棚卸の重要性	フードコントロール 原価いくらを大体教え何が売れたら利益になるか？ トレーニングする。

することができる。月末に売上を伸ばしたいときには、そのような調整がなされている。極力、人件費を抑えて、売り上げを伸ばしていくことに取り組んでいる。

新人の鈴田希子は、マネジャーから十分にトレーニングされていないから、無駄な動きが多く、作業におわれてしまっている。それを横目に見ながらも、ベテラン店員の古富茂美は、自分の持ち場以外の仕事は、一切しようとしない。そのやりとりを聞いていたエリアマネジャーは、すかさず、「あなたたちは、誰からお金をもらっているのですか」と投げかける。黙ってその質問を受け止める様に聞いている二人に、「お客様からお金を頂いているんですよ。一〇分間でお客様を何回みましたか？ 二秒に一回、三秒に一回、お客様の動きを横目で確認しながら、持ち場を担当する。それをやらないと、スピードはつくれないよ」とアドバイスをする。

マネジャーも実際に、フロアに入りながら、お互いの動きのタイミングを伝達していく。タイミングは、模擬的ではなくて、お客様への接客しているまさにそのときに、実践的に伝えていく。「おこられないように、仕事をしているけど、それは間違い。とにかく、お客様第一優先。お客様があっての商売。あなたたち二人が連携をとらないから、店舗の雰囲気が悪い。この冷たい空気は、お客さんが作り出しているのではなくて、あなたたちが生み出しているのよ。考えを改めなさい」と厳しい口調で続ける。ベテラン店員の古富には、「新人の鈴田さんができないのは、仕方ない。まだ、トレーニングの途中。ただし、ベテランのあなたが、何も声をかけないというのは、鈴田さんの存在を完全に否定しているのと同じですよ」と促す。店舗マネジャーの横村里菜には、「鈴田さんと古富さんが、声掛けなしで、店舗がこんな冷たい雰囲気になっているのは、あなたの責任ですよ。あなたは、店員の欠点ばかりを指摘しているけど、何を教えているの?」と叱咤するとその場で悔し涙を流している。横村が泣いている間にも、店は閉まらない。経営に休みはない。

鈴田と古富は、エリアマネジャーの言葉に反応し動きをすぐに改善し始めた。それらの言葉を伝えると、OJTを再開した。一人の顧客が店舗を出ていく様子をみていた、鈴田がすぐに片づけにむかった。その様子をみていた、エリアマネジャーは、「鈴田さん、バッシング(片づけ)にいきますと声をかけてからいって」とすかさず助言する。調理担当の古富には、「あと、何秒で、○○丼ですという声掛けをするようにして」と伝える。それに鈴田は返事をするようにしていく。

この細かな一つひとつの声掛けの積み重ねが流れるような連携プレイを生み出していく。二人の動きが見違えるようにかみあってくる。その間も、店舗マネジャーの横村は、事務所で泣いている。

鈴田は、覚えるスピードがはやいわけではない。覚えるのがはやい店員と比べたら、習得時間が倍以上はかかってしまう。それでも、明るい接客ができる。商品提供まで多少時間がかかり、待たされたとしても、商品提供時に、「すいません、お待たせしました～」と笑顔で自然な声掛けをすると、お客様はクレームを出すようなことにはならない。そこは、鈴田の武器だよと伝える。

新人研修時から、店舗マネジャーの横村和華に怒られっぱなしの鈴田が、エリアマネジャーの言葉に、頷きながら「はい、わかりました！」と元気よく返事をしている。鈴田は「いつも声出しを忘れてしまうんです」というと、「忘れてしまうなら、忘れないようにしていくだけでしょ、すぐに改善できるね」とエリアマネジャーは返答する。鈴田は、注意を受けると毎回、「はい、わかりました！　今後気を付けます」というのが、口癖であるが、エリアマネジャーは、「今後、気を付けますは、いらないから、今からやるように。口だけでいうなら、言わなくていい」と締めくくった。

事務所で泣いていた横村は、その日の勤務中、落ち込んだ様子であった。その日の夕方に行われた店舗マネジャー会議では、エリアマネジャーは下記のことを伝えた。


今日、ガツンと言いました。何よりもお客様が第一優先だから、各店舗今一度それを改めるように。新人店員のトレーニングは、褒めるところを探してから、どんなに動きの悪い店員でも、笑顔がいいね。とか、手の動き、いいね。と一回、はじめに褒めるようにしてください。褒めてから、今日の課題を与えていく。〇〇ができていないから、今日は、その点気を付けていこうね。その課題に対して、その日のうちに、どこまでをできたかを〇〇%できたかを数値化して伝えていくようにする。だいたいという言葉は使わない。何分でできていた、とか、何回できていたと、具体的な数字で伝えていく。そうすると、新人店員は動きを改善していく（エリアマネジャー　二〇一一年三月一八日）。

横村は、できない新人店員に注意をしながらトレーニングをしていくことは率先していくが、自分がトレーニングされる身になるとすぐに泣き出す。新人店員にまざって、エリアマネジャーから店舗マネジャーである自分もトレーニングされる身になると、その状況に耐えられなくなる。いつも逃げ出す。トレーニングを行う側である自分が、トレーニングをされることにプライドが許さないのだ。新人の鈴田、ベテランの古富に加えて、横村もまとめて、叱咤され、トレーニングを行った。そうなると、どん底まで落ち込み、なかなか、あがってくることができない。営業にはいっても、鼻をすすりながら、接客している。

店舗マネジャーの仕事が、横村のキャパシティを越えてしまっているともいえる。横村は、これまでの仕事の経験から自分の働き方を頑固に持っていて、上司からのアドバイスも素直に受け入れない傾向がある。ちなみに、横村は、丼家で働く前は、医療事務をしていた。本人自身が「自分がつくりあがっていて、プライドが高い」と述べる。その自分をかえていくことができないでいる。店員との信頼関係も前店舗マネジャーがつくりあげたもので、その中へと入り込んでいくことができない。店員との距離が埋まっていかない。横村へと店舗経営がバトンタッチされてから、結局、「自分は何もできていない」ということを痛感している。

4　フロアマネジメント

時間内での売り上げを最大限に上げるためには、顧客数を増やすことと、入店した顧客が食事をして、店舗から出ていくまでの時間をできるだけ短くする顧客の回転数を上げていくことが肝心である。ここで不可欠となるのが、顧客が着席しているフロアの様子をつぶさに観察しながら、最短時間での商品提供にむけて、店員の連携を図るフロアコントロールである。

フロアの動きは、パスを回すサッカーやバスケットボールの動きに似ている。ピーク時には五人の店員がフロアに立ち、注文を受け、注文品を提供するまでの時間は数秒から数十秒である。そのスピードには驚かされる。そのパフォーマンスを発揮するには、毎回の事前準備が不可欠である。

店舗で来客が集中するランチ帯やディナー帯の前に、準備をしておくことが重要となる。ランチ帯であれば、精算業務を一一時までにはおわらせ、ピーク帯を迎える。精算業務がおくれたり、準備がおくれると、他の店員もそわそわし始める。店舗内の準備の状況に関係なく、ピーク時間帯になると、お客がどんどん店内へと入ってくる。ベストパフォーマンスを出すには、ピーク帯を迎えるまでの準備が必要不可欠なのだ。

注文を受けてからの商品提供までの作業を、ミスなく、いかに効率良くできるかが、売り上げに直結してくる。売上が伸びている店は、店員同士が、まるで商品提供までの競技に取り組んでいるような動きをみせる。そうしたダイナミックな動きを創りだしているのが、マネジャーの声掛けである。注文を受けて、商品を提供するワークを競技へと意味づけしていくのである。「さあ、(注文)入ったよ。もっとはやく出せるようになるよ。負けてるよ」と他の店員との競い合いを意識化させていく。これによりそれまでが、個人の作業にすぎなかった商品提供が、注文を共有する他の店員とのパフォーマンスの発揮のワークとなるのである。同一注文の商品提供までの過程を、ストップウオッチで計測して、その差を数字で伝えることも効果的である。

店舗マネジャーの長嶺重弘は、「特に意識しているわけではないが、どのお客さんが何を食べているかを全部覚えている。二〇名ぐらいのお客さんの注文メニューをすべて記憶している。カウンター番号と注文、入店と着席の場所で注文メニューをすべて記憶できている。これがすべてフロアコントロールにつながる。何番のお客さんが何を注文していて、他のお客さんの注文をすべて把握した上で、最短でメニュー提供できるように調理していく」(二〇一一年六月一六日)と述べる。店舗マネジャーは、顧客の注文を正確に把握しながら、最短で商品提供ができるように店員に的確な指示を出していく司令塔の役割を担っている。

フロアをいかにまわすのか、どのようなメンバーでどのレベルのパフォーマンスを発揮していくのか、店舗マネジャーの采配は、野球やサッカーなどの集団スポーツの監督の采配に限りなく近いものがあるといえる。シフトの編成は、当日の店舗のチーム編成と同義である。

この店員は、かなり伸びるなと思えば、集中的にシフトに入れていく。逆に、さぼり癖がついた高校生店員のシフトは、外していく。外す理由は伝えない。シフト表に名前がないことが結果なのである。もともと、稼ぎたいお小遣いが稼げなくなり、「やばい」と思うようになる。それが、意図的にシフトコントロールされたものであることは、わからないように調整していく。たとえば、シフトを二回連続でドタキャンした、穴をあけた女子高生店員には、何かを言って指導するのではなくて、いきなり、シフトからまとめて外すことで学ばせていく。本人は、シフトを外されたと思うことで、緊張感をもって、勤務するようになってくる。いつでもシフトに入れますという希望を出す店員を意図的に評価していく。アルバイト店員がスタンバイをしていて、希望シフトをとりあっていく。シフトの取り合いの雰囲気ができるようになると、店舗は好循環に入っていく。ディナー帯二本の枠に、九名の店員がいて、二枠をとりあっていく。希望を出しても、そのシフトに入れるわけではないというシフトコントロールをしていく（田崎直哉　二〇一二年一月一八日）。

フロアに立つ店員はいつも同じというわけではない。顔ぶれによってシフトの流れが上手くいくときもあれば、その逆で上手くリズムが噛み合わないときもある。たとえば、それは次のような店員間の了解事項の齟齬にみてとれる。昼間の繁忙時に五人のシフト体制でフロアをコントロールしていた。他の店舗から店員補充としてシフトに入った二四歳新人の中村が、ドライブスルーを担当していた。中村は、ドライブスルーの注文の合間に、洗い場の仕事を自主的に手伝っていた。しかし、ドライブスルー担当が洗い場まで動くことは、この店舗内での「フロアコントロールの境界」を超えることを意味する。その際に、店舗責任者が、中村に対して、「そこには入らないで」と一喝した。すると、中村はその言葉に戸惑いの表情を見せる。このやりとりを見ていた複数店舗マネジャーの山口は、「店舗間でフロアコントロールの細部ルールは違う。なので、たとえ他の店舗で多様なフロア経験のある店員であっても、この店舗では、ドライブスルーと洗い場の担当領域を踏み越えて仕事をすることはないということを伝えるべきであるのに、店舗マネジャーの配慮がたりない。その戸惑いの表情を察知しているのか、察知していないのかはわからないけども、本来であれば、他の領域を荒らさないように動くのが、この店のルールであることを伝えるべき」（二〇一一年五月一六日）と述べた。

他店舗では、洗い場やスルーを行き来するフロアを設定しない店もある。問題なのはできるといっても、実際にできていない点にある。実際にできていない社員店員が指令を出すセンターにはいって、指示ができない。売上に対する意識が著しく低いマネジャーや一時間の売り上げを把握していないマネジャーもいるそうだ。

店舗マネジャーは、フロアに入る店員にＯＪＴを行う。センターのポジションの一連の流れを実演しながら教えていく。たとえば、店舗では、一度に八テーブル分の注文が入る。八クリップの注文をどのようにさばいていくのかが商品提供までの時間短縮に不可欠となる。しかしその間に、テイクアウトのオーダーがはいる。テイクアウトは何よりも早く出す。こうした実地での商品提供業務を行い、店舗の店員が連鎖的に機能し始めると、売り上げにつながっていく。

山口のような複数店舗マネジャーは、ほかの店舗マネジャーの動きをチェックする。ある店舗では、センターのポジションに四年目で二五歳のマネジャーが入っているものの、商品提供が円滑に行われていない。そこで山口は、ポジションの入れ替えを提案する。店舗マネジャーをセンターから外し、事務業務に従事させる。事務業務との兼務が厳しいカウンターのBとCに若手店員を起用し、状況判断に時間がかかる仕事ぶりの女性店員を比較的客足の少ないAカウンターに配置する。そしてその配置で商品提供が遅れるようなピーク時に店舗マネジャーが裏からフロアヘルプに入るように指示をだした。「人を過剰にいれて、店員の本数を増やすよりも、適材適所で、人員を配置していくのがフロアワーク」(二〇一二年三月二〇日)だと述べる。

商品提供の遅れがでるときには、センターポジションでの指示不足が大概の原因である。センターで的確な指示が出されない。このスキル不足が問題となる。注文が入り、センターポジションが、持ち場の仕事で手いっぱいになり、指示を出せなくなる。肝心なのは、「背中合わせで、フロアを見ていない状況で、的確な判断をしていく」(二〇一二年三月二〇日)ことだとされる。平日のピーク時は、なんとかまわせても、的確な指示を出せないと土日や休日のトップピークでは、注文がたまっていき、顧客が不満を抱くようになる。ファストフードで働いていて、「時間がない」なんて言い訳は許されない。

逆に、的確な指示が店員へと伝達されるようになり、フロアコントロールが機能していると一時間で売り上げ八万円を出すことも可能となる。客単価平均が四二五円だとすると、一時間で百九〇名弱の顧客の注文を受けることに成功している。このスピード感を店員に体験させることが売上向上の近道である。フロアが連携し出すと、上手くまわっているという喜びもになる。「フロアコントロールは身体的な喜び、ほんとに楽しい。運動だよね。ピッチに立ちまーすという感じ」(二〇一二年三月二〇日)だと述べる。この喜びが、店舗店員にも伝染していく。マネジャーのパーソナリティが反映されて、店舗のカラーがでてくる。マネジャーが明るいと、店舗店員も自然と明るく働くようになってくる。

5　サジェスチョンワーク

店舗の観察を続けていると、興味深い顧客行動がみえてくる。それは、券売機で商品を選んでいるときに、耳にした商品メニューを購入する顧客の動きである。大宮田店舗では、券売機が店内に二つ設置されている。顧客は、店内へと足を進め、券売機の前に立ち、メニューのラインナップから購入するメニューを選択する。ここでフロア担当と厨房担当のクルーで連携をとりながら、おすすめ商品のサジェスチョンワークを行う。

フロアリーダーは、顧客が券売機の前に立ち、商品を選んでいるタイミングを見計らって、サラダ、サラダはいかがでしょうか」と、商品名を二回繰り返す。フロアリーダーの商品名サジェストに続けて、フロア店員・バック店員「サラダはいかがでしょうか」と声をあわせる。この様子をみていると、すべての顧客というわけではないが、約半数を超える顧客が、追加メニューにサラダを購入する。顧客の購買行動特性として、店舗に入る前に、特定商品の購入を決めているわけではなく、お腹を空かせて、店舗に入ってきて、その場で、購入する商品を瞬時に決めていると考えられる。そのタイミングでの購買を促すサジェスチョンワークは、たしかな効果をもたらしている。

サジェスチョンワークは、サイドメニューのサラダや、デザート商品などにも適応される。サイドメニューは、他のメニューと比べても安価で一〇〇円程度である。「あわせて、サラダもいかがですか」というサジェスチョンを耳にして、顧客はサラダを購入するのである。店舗として売り出した商品をサジェスチョンしていくワークもあるが、顧客に応じて、その内容を変えていくサジェスチョンワークのほうがより機能する。たとえば、年配の人が一人で入店してきたときに、お新香やサラダをサジェスチョンする。顧客の身体への気遣いをみせるワークを行う。また、店舗混雑時のサジェスチョンも、顧客の回転数を上げていくのに、非常に重要である。

「申し訳ございません。お待たせしております」というように、お待ちになっている方に声をかける。すると、それを聞いているお客さんの何人かは、食事をしたら、席を譲ってくれるようになる。回転率をあげるのに、かなり効果的なサジェスチョン。お客さんは、ああ、待っているんだなと、気を遣ってくれる。店内が満席で、何十人もお客さんがいるときに、クレームは一度も出たことがない。それは、お客様同士の目があるからだと思う。これらのサジェスチョンを店員全員でシェアしている。これらは、他の店舗では取り組んでいない。売り上げの出る店は、このあたりを習得した店員によってチーム編成されているから、強い。売り上げを伸ばすのは、偶然ではなく、必然である。一個一個、細かいことを、丁寧に、くどいぐらいまで、店員につたえていく（池田理子　二〇一四年二月六日）。

ミンツバーグ（一九九三）が述べるマネジャーの一〇の役割は、対人関係、情報関係、意思決定関係と、どれも、関係をめぐる役割に焦点があてられている。だが、フロアマネジメントやサジェスチョンワークは、関係をめぐる役割であるというよりは、行為をめぐるマネジャーの役割であるといえる。丼家の経営とは、状況をめぐる相互行為の集積からなる。複数人の店員からなる店舗のフロアマパフォーマンスは、同じ結果になることはない。店員のコンディションや店員同士の組みわせにより、その日のフロアパフォーマンス力が変わってくる。そうした中で、ベストな選択の動きを導き出していけるかどうかが、勘所である。顧客目線を持ち、商品提供のサジェスチョンをしていく、それはマニュアルに落とし込まれるものではなくて、常連客の様子や当日の天候や店舗の様子から総合的に意思決定される行為遂行的なワークである。

6 信頼の構築

ファストフード店舗の脱人間的な側面に、人間同士の接触を最小限にしてしまうことが指摘されている（リッツア 一九九九：二一四）。券売機店舗での従業員と顧客との関係は、言葉を幾つかだけ交わすだけの機械的なやりとりをもたらしてしまう。券売機による注文、配膳、食事をおえたら、そのまま、店舗から出ていく。店舗による無駄も省いた、ドライブスルーは、さらに従業員と顧客のコミュニケーションを、一時的で機械的なものにする。

しかし、何度も来店する顧客は、そのような機械的なコミュニケーションは望んでいない。常連客の多くは、まるで、自分の家で食事をとるように、毎日のように丼家に姿をみせる。とくに、踏み込んだ個人的な会話を交わすわけではないのだが、「最近は、お元気ですか」とか、「腰の痛みは和らぎましたか」といった、気遣う一言が、顔のみえる関係性を構築していく。つまり、脱人間的なコミュニケーションを展開している丼家では、店舗経営の究極的な目的である、売り上げを伸ばしていくことは難しいのである。

赤野店舗では、店舗に来る子供客に積極的に、コミュニケーションを取っている。「はい、どうぞ」「しっかり、食べてね」と声をかける。食事をして子供客が店舗から出ていくときには、「いってらっしゃい」と元気な声で送り出す。そうすると、元気に送り出された子供客は、数日後、友達を連れて戻ってくる。あるいは、両親や祖父母と店舗に来るようになる。こうした親身になったコミュニケーションが常連客を増やしていく。週末の赤野店舗は、子供客やファミリー客で賑わっている。

毎日、朝定食を食べにくる常連客もいる。毎日、八時に店舗に来て、同じものを食べている。その様子を見ていると、六〇歳後半のその男性にとって、この店舗は、家で朝食をとっているのと同じ感覚なのだと思える。赤野店舗の店舗マネジャーは、その男性に、「おかわりありませんか」といった言葉をかけている。その後、「昨日ね〜」と会話が続いていく。お客様の名前を呼ぶわけではないが、毎日来てくれる常連さん。店員と顧客という関係性である以前に、その店舗の近くで暮らす御近所さんと思って接客をしている。

従業員と顧客の関係だけでなくて、従業員間の関係性にも、同じことがいえる。二四時間のシフトをアルバイト店員で埋めていくことでは、アルバイト店員はそれぞれの人間関係を構築していくことは難しい。「一時的でパートタイム的性格は、従業員同士の個人的関係を大きく排除している」(リッツア 一九九九：二一五)のが、現状である。店長の緒方は、積極的に、アルバイト店員との交流を深める機会を設けている。新年会、忘年会等の年次飲み会に加えて、社員スタッフの歓迎会や送別会を企画しては、食事会をしている。

「仕事上は店員と馴れ合いの関係になってはいけないということを教え続けた。オンとオフ。その距離感を上手くとれているというマネジャーがいない。仕事に対しては、ものすごく厳しいという姿勢をみせないと下の店員は絶対に育たない。ただ、お店を出て、懇親会などをするときは、逆にものすごく楽しむ」（二〇一一年一一月一五日）と述べる。エリアマネジャーを統括するスーパーバイザーの中村宏太は、組織のマネジメントについて次のようにまとめる。

部下を連れて飲みにいったら、会計は部下が気が付かないようにおわらせるようにしている。マネジャー達をまとめていくことをいつも考えている。部下との飲み会とは違うやり方をとるスーパーバイザーもいる。部下と飲みに行くこともなく、ただ、仕事のみの関係を保つトップもいる。人を惹きつけていく、遊び心や企画力が、問われていると思う。そのことをわかっていて、部下との関係をつくっていくトップは、結果的に強い。土壇場で部下が力を発揮してくれるから。仕事以外の関係が薄い場合には、土壇場で部下が離れていってしまう。マネジャーには、精神的な強さとぶれない安定感が欠かせない。仕事の仲間と飲み会にいったときに、仕事の話以外の会話ができることがマネジャーとしては、理想。いろんな会話の引き出しをもっていることが大事。仕事と仕事以外の場面での切り替えができる人に、マネジャーや店員はついてくるから（中村宏太　二〇一二年四月一七日）。

店員には、いろんな人がいる。笑顔で接客している主婦店員も、休憩中に、事務所の裏で、不良座りをして喫煙している。いろいろなそれぞれの歩みをもった人材は、半ば、偶発的に店員として店舗に集う。

マネジャーとしては、休憩時間の行動には、口を出さないようにしている。悪い部分をみるのではなく、もともと、持っている素質を見抜き、その部分を生かしてあげるように育てていく。強みやいいところがある。これだけ、いろんなタイプの人に会っていると、面接のときや、最初の新人研修のときに、ある程度わかる。業界的にこの人は厳しいだろうなというのはすぐにわかる（木下巧　二〇一四年一月五日）。

全国で一、〇〇〇店舗以上の丼家が店を構えているとはいえ、丼家の経営は、一店舗の経営を基盤にしている。エリアマネジャー、店舗マネジャー、二〇名弱のアルバイト店員から構成される小規模の組織集団である。この規模での組織集団では、マネジャーとアルバイト店員との関係は、大規模な組織集団と比較して、近い傾向にある。けれども、その近さゆえにアルバイト店員のプライベートまで入り込むことは、組織のマネジメントを考慮して、注意しなければならないという。アルバイト店員と社員が恋愛関係に発展するケースもみられ、アルバイト店員と社員のコミュニケーションを本社がコントロールすることはできない。

しかし、このアルバイト店員とのプライベートまでには踏み込まないが、近い距離を構築し、維持していくことができる店舗マネジャーが担当する丼家は、売り上げを上げていく。丼家の売上は、ややもすると、経営に関する専門的な見識からは零れ落ちている、アルバイト店員との距離感のマネジメントにも大きく関与している。

7　店舗の改善

本社スタッフによる衛生検査の結果、何点かの改善個所の指摘を受けた青山台店舗では、店舗店員の永田英知（六二歳）が中心となって、改善案を二三項目にまとめ店舗マネジャーへと提出した。調理器材の保管方法や店舗衛生、店員のみだしなみに関する細かく実践的な改善項目である。店舗では、本社担当部署による衛生チェックでの問題や、顧客から寄せられるクレーム問題への対応が強いられる。けれども、日々、問題ばかりに目をむけてしまっては、店舗の店員は委縮してしまう。ドラッカーも述べているように、「組織というものは、問題ではなく機会に目をむけることによってその精神を高く維持することができる。組織は機会にエネルギーを集中するとき、興奮、挑戦、満足感に満ちる」（ドラッカー 二〇一一：一四六）のである。

問題ではなく機会に目をむけるというのは、いかにして可能であろうか。二つの方法が考えられる。一つめは、問題から目を瞑り、積極的に新たな機会を創出していく方法である。もう一つは、問題そのものを機会として捉えていく方法である。店舗の経営にとって、新規の事業を創出していく機会は少ない。そうであるので、問題そのものを機会として捉えていく方法が、店員のモチベーションを高めていくのに有効であるといえる。

小さな工夫が大きな変化をもたらす。たとえば、カウンターセットになるスプーンの配置を工夫した店内の自主的な改善が、売り上げを伸ばしていく。改善前の状況は、スプーンの本数がバラバラで、顧客から「スプーンありますか」と声がかかり、それに対応していると商品提供の時間をロスしてしまう。そこで、店舗マネジャーが独自に考案したのが、五本のスプーンをカウンターセットに常備させるやり方である。スプーンが残り二本ぐらいになっているときに、すでに用意してある五本のスプーンと丸ごと置き換える。そうすることで、スプーンがカウンターセット内からなくなることが防げるようになった。足りないスプーンの本数を適宜、補充していくより、スプーンセットを丸ごと差し替えていく。このほうが、断然にロスが少ない。「たったのそれだけのこと?」だと思うかもしれないが、「たったのそれだけの違い」が、着実に利益を生み出していく。

店舗で日々生じる問題に向き合い、改善していく役割を担うことで、店舗経営の実務を担うのが、店舗マネジャーである。その状態を他店舗との経営状況と比較しながら、的確に分析し、具体的なアドバイスをしていくのが、エリアマネジャーである。店舗マネジャーの働きかけで、一店舗は改善されても、全国にある一、〇〇〇店舗の改善にはつながらない。こうした全体的な井家のリストラクチュアリングをリードしていけるのは、経営のトップである。エリアマネジャーは、そのトップに、現場での改善案を伝えていく。このエリアマネジャーから経営トップまでの風通しの良さが、組織再生の鍵を握っているといっても過言ではない。

二〇一四年一月に、現場からの改善提案を経営トップに打診した。提案されたのが、「お客さまへの目線」を徹底するがゆえに、「従業員への目線」が軽視されているのではないかという点についてであった。店舗マネジャーやエリアマネジャークラスの離職が減らないのは、従業員の労働満足度が低いことが考えられる。従業員の人材育成の視点が軽視されている。人材を育てる事が営業用に偏りつつあり、人を育てるという教育的視点が無視されてしまっている。

新卒社員は、先輩社員から叱咤され続けながらトレーニングを受けている。激励がないと人は育たない。社員が辞めていかない、アルバイト店員が辞めていかない職場をどう作っていくのか。従業員で溢れかえる組織をいかにつくりあげていくのか。現状では、会社を大事に思うようになる機会に、多忙すぎて、会社に「つぶされている」と感じている。そこで、エリアマネジャーが、いかに店員に「褒め」の声かけをしていくかが、鍵。そこで、社員を褒め、店員を表彰する制度を確立していく。「飴と鞭」では、不十分で、「飴、飴、飴、そして、大事な場面での鞭」(山本佳典 二〇一四年一月二三日)。

「従業員への目線」がうまく行き届いて店舗としてモデルとされる店舗は、現在、全国トップの売り上げを叩き出している郊外店の菊名店舗である。菊名店舗は、前年一一〇%の売り上げを続け、丼家ではめずらしく、土日に、座席待ちの行列ができるほどである。店員からは、時間帯責任者への昇進希望が複数名でて、時間帯責任者は店舗マネジャーへの昇進を希望する。女性客と家族客の獲得にも成功し、他店舗と比べ、その賑わいは目を見張るものがある。

次に、情報共有の選択について提案を行う。地理的に離れた複数店舗マネジャーからの組織改善を経営していくのに不可欠なのが、エリアマネジャーと店舗マネジャーとの情報の共有である。e-mailでのやりとりや会社専用サイト内での連絡メールでのやりとりから、LINEをつかい情報が共有されていた。各店舗での現状や問題、店員の不足などの情報が一日に軽く数百はとびかうようになった。しかし、それらの情報はそもそも、共有されるべき内容であるのか。単に、仕事のアピールをしているマネジャーもみられるようになった。休むべき時間にも、LINEで、メッセージが届き、精神的な安らぎを手に入れることが難しくなっていく。

提案を受けた経営トップは、一週間後に、組織改編を進めていく。この組織改変にも、迅速で柔軟な組織であるからこそ、これまで丼家は成長を続けている。それから一ヶ月後のタイミングで、大規模な組織体制の変更が行われた。トップの経営組織とエリアマネジャーをダイレクトにつないでいく組織体制に変更した。このように、ダイナミックな経営が行われている。

現在抱える改善事項は、アルバイト店員が目標としていく職位を明確につくっていくことである。時間帯管理職と店舗マネジャー以外は、一律、同じ店員になっている。年収やスキルによって、店員の組織化を行っていくことで、店員の向上心と帰属心を育んでいくことができる。

8　昇格の機会

後藤英雄は、五九歳の店員で夜間のシフトを担当している。後藤は、居酒屋、交通警備、引っ越し屋、トラック運転手と、これまで職を転々としていた。店内空調の不調や店舗設備の故障時などは、後藤が自ら修理していく。仕事も着実にこなしていく職人肌である。商品提供のスキルや店舗での経験も十分である。後藤は、深夜のシフトに入り、顧客の少ない時間帯に、店舗の整備を行っていく。後藤のように職種経験が豊富で、深夜帯を希望する人材は、二四時間営業の店舗には、きわめて重要である。後藤は、後妻の連れ子の高校生の息子の教育費を稼いでいる。六〇歳を前にして、「昼間の仕事で安定した収入を稼ぐ職場はみあたらない。面接は受けたが雇ってくれることはなかった」(後藤英雄　二〇一四年九月二一日)。深夜帯の勤務での稼ぎが後藤の家庭を支えている。

後藤は深夜の勤務で、店舗責任者の役割を果たしていた。けれども、店舗マネジャーの職務ではなく、アルバイト店員にすぎなかった。というのも、店舗マネジャーとして、他の店員に指示を出しながら、店舗をマネジメントしていくことは厳しいとエリアマネジャーから判断されていたからである。自らの仕事を一人でこなしていく能力と他の店員とコミュニケーションをとってマネジメントしていく能力とは別のものなのである。このように、スキルや経験が豊富であるからといって誰もが店舗マネジャーへと昇進していけるわけではない。一人の店員を店舗マネジャーへと昇格させていくプロセスでは、店員それぞれのパーソナリティを見極めておく必要がある。だが、そうした判断は状況的なもので、店舗経営の状態やエリアマネジャーの配置交換のタイミングで変化を迎える。後藤はその後、エリアマネジャーから店舗マネジャーへの昇格を打診され、現在は、店舗マネジャーとして深夜帯を支えている。後藤のように、深夜勤務を希望するアルバイト店員が確保できていない店舗は、店舗マネジャー自らがシフトを埋めるようにしていていく。そうなると、昼間のマネジメントや他店舗との連携が上手く図れず、丼家の経営としては望ましくない状況に陥る。

吉本政子は、気持ちのムラがなく、店員をうまくまとめている。淡々と仕事をしていくことで、店員も安心してついてくる。店内清掃も、常に、きっちりしている。高校生の子供を二人、育てながら、店舗マネジャーをつとめている。吉本は、夫の扶養を外れない範囲で働きながら、担当店舗をマネジメントしている。

通常の業務連絡のメールに加えて、時間帯責任者に挑戦したいですというメールが、ベテランの主婦店員の野田里美から送られてきた。そのメールに対して、店舗マネジャー長岡久子は、「そんな簡単なものじゃない。あなたのスキルや勤務時間では、無理よ」と返信したという。店舗勤務五年が経過する野田里美が、突然、時間帯責任者を志願した背景には、同時間帯で働く、二五歳の若手男性店員の中山則之や、三一歳の末広良美の二人が、時間帯責任者の試験にパスして、昇格したからであった。野田は、時間帯責任者になって得られる月給手当以上に、野田のプライドをかけて、時間帯責任者を志願した。

中山や末広は、野田よりも、勤務経験が浅い。とはいえ、中山や末広は、勤務時間外に店舗に来て、昇進試験の為のトレーニングを何度も積んでいる。長岡は、野田に「今のままでは、接客時の声が小さいし、接客態度もまだまだできない」と口頭でも伝えた。先日、時間帯責任者に昇進した中山が、「野田さんには、責任者はできません。スキル的にも無理ですよ。オペレーション力も、提供スピードも無理だ」と長岡に伝えている。つまり、長岡自身の野田の評価と、中山の野田の評価が一致した上での、「あなたには無理」という見解なのである。

長岡は、エリアマネジャーの山口に、「無理だとは思うのですけど、店員の野田さんが」という報告をしてきた。それに対して、山口は、「長岡さん、それは違う。あなたは、店舗責任者として、今度、時間帯責任者に何を教えていくの？」と聞いた。その問いに、「いかに、はやく商品を提供していくかのコツを教えていきます」と長岡はこたえた。「それは間違っている。あなたが、お店のことをどれほど考えて、人を円滑にマネジメントしたか、を伝えて行かないと駄目。オペレーション能力は、勤務期間を長くすれば、誰でもはやくできるようになる。なので、時間帯責任者を希望する店員に対して、シフトの管理をまかせ、シフトの埋め方の工夫を伝えるようにしていく。個人のスキルより、お店のマネジメントの仕方を教えていかないと駄目だよ。ただ、一人の店員が、志願したということを、全面的に評価していくのがいいよ。時間帯責任者になるためには、～～が必要ね。という前向きなアドバイスをしていくようにしてね」と伝えた。

長岡ももともとは、平日の昼間を担当する一人の主婦店員であった。長岡の今の躍進をみていると、ある朝の接客を思い出す。八時過ぎにお店に行くと、ものすごく元気な声で、「いらっしゃいませ。ご注文はおきまりでしょうか」という接客をしていたのが、長岡であった。その日のフィールドノーツに、私は次のように記していた。

今日の声掛けは、一段と元気が良かった。店舗に入った瞬間に、複数人の店員が「いらっしゃいませ」と声を合わせる。椅子に着席するそのタイミングで一人の女性店員が上半身を斜めに傾けながら目の高さを合わせるようにして、「御注文はおきまりでしょうか」と声をかけてくる。この声かけは、正直に言うと、大袈裟に感じるし、わざとらしくもある。ただ、注文の取り方も非常に丁寧で、不思議と悪い気はしないし、なんとなく、背筋が伸びる。元気が与えられ、食事をして店を出るときには、清々しい気持ちになった（フィールドノーツ　二〇〇八年一二月二七日）。

このやや「大袈裟でわざとらしく」感じた接客をしていたのが、長岡であった。ただ、その接客が、気持ちの籠ったものであり、丁寧なものであったことは鮮明に覚えている。五年が経過し、長岡は、店舗の責任者として、三〇名のアルバイト店員をまとめている。

長岡の仕事に対する真面目な姿勢は、アルバイト店員からの信頼を勝ち得ていく。長岡が担当する店舗は、店員で溢れている。働くことが楽しいから、店の事務所で談笑するようになる。そこには、店員のコミュニティが生まれている。学生店員が、大学を卒業し、社会人なるということで、集まった送別会には、店員の大半が参加し、二十数名の飲み会となった。

休日のピーク時には、家族客が店に訪れ、店舗の外に列をつくっている。丼家で、行列をみかけることは珍しいことで、私が訪れてきた数百店舗でも、その光景をみかけることはまずなかった。それぐらい、長岡の店舗マネジメントは、優れている。働きたいと思う、店員で溢れかえっていると、長岡自身は、勤務時間を超過させなくても店舗がうまくまわっていくようになる。週に二日は休んで、平日の朝から夕方まで働く。必要な家事をして、子育てもしていく。子育てと勤務を両立させながら、扶養を外れ、家計を支えていく収入を得ていく。主婦店員は、アルバイトで月五万円ぐらいの稼ぎから、時間帯責任者になり、店舗マネジャーになると、月収二〇万円をこえてくる。主婦にとっては、夢ある職場だといえよう。

長岡を新人店員時代からトレーニング積んできたのが、現在、複数店舗マネジャーをつとめている山口である。山口は、主婦店員として働きだして、その後、店舗マネジャーに昇進した。その後、担当店舗での売り上げ実績が評価され、複数店舗を担当するエリアマネジャー試験を受けることを打診され、見事、突破した。エリアマネジャーに昇進すると同時に、正社員として採用されることになった。長岡も山口の歩んでいる背中を追いかけていく。長岡が、複数店舗マネジャーになる日は、近い。

若手も店舗マネジャーの背中を追っていく。二三歳の岡山鉄平は、スキルが高く、時間帯責任者にわずか、一ヶ月で昇進した。岡山は、高校を卒業し、五年間、蕎麦屋でアルバイトしていた。そこでの調理と接客の経験が、本店舗でも役に立っている。蕎麦屋では、アルバイトのスキルを伸ばしても、その先の昇進がなく、辞めることを決意したという。本店舗では、働くことの喜びを感じ、現在、時間帯責任者への昇進を目指して、日々、働いている。

二三歳の佐山伸樹は、大学を卒業し、就職をせずに、フラフラしていた。そこでみつけたアルバイトの募集をみて、店員の一員になる。店員になると、佐山の働きぶりは、目を見張るものがあった。書類は即日に揃え、仕事も、スポンジが水を吸い込んでいくように、吸収していった。一ヶ月後には、時間帯責任者に昇進している。佐山の強みは、店員間のやりとりが常に的確であること、主婦店員ら年配店員にもきっちり、敬語を使い、信頼されている。お酒の席でも、笑いをとって、場を盛り上げるのが、うまい。元気もあるし、声もでる。

大学生店員や若年のフリーター店員は、たいてい、最初は、きびきびとは動かない。でも、ポテンシャルを持っている。「働くことは楽しいってことを、いかに実感させる」かが鍵。それも、新人研修のできるだけ、はやいうちに、その喜びを体感させる。すると、見違えるように、動きがよくなる（元田文彦　二〇一四年二月二四日）。

佐山は、店舗にとって貴重な人材である。佐山は、店舗責任者への昇格にむけて、日々働いている。長岡、岡山、佐山は、アルバイト店員として店舗での勤務を始める。その後、そこでの働きぶりが評価され、店舗部門責任者へ抜擢、その後、試験に突破した際には、店舗マネジャーへと昇進していく。

二〇一三年新卒採用で入社してきた三〇名は、その一年後、半数以上が離職している。こうした現状を鑑みるならば、現場での経験を積む主婦店員やフリーター店員の中で、実績を残したものを昇進させ、のちに、正規社員として雇用していく方法が、丼家の現場を見る限り、有益な組織づくりといえる。

9　経営の悦び

店舗経営の極意がある。昨年度比で売り上げが七〇%を切る場合には、店舗近くに他社競合店舗が新たに開店した等、外的要因がほとんどである。それに対して、昨年度比で九〇%前後の数値が出ている場合に、商品構成が悪いことが考えられる。だが、商品ラインナップに関しては店舗の現場ではどうすることもできない。経営陣は、前年を上回る魅力的な商品ラインナップを提供していかなければならない。それと重要な要因であるのが、店員のパフォーマンスである。低迷している店舗でも、現場での店員のスキルを向上させ、接客態度を改善させるようモチベーションを働きかけていくと、数ヶ月で昨年度比の一一〇%の売り上げをただき出すようになる。

前提として、国内にある千店舗を越える店舗で提供される商品は、均質化されていなければならない。提供商品を店舗で調理する形態をとる場合、商品の均質化を徹底させることは、厳密には、容易なことではない。

マクドナルドは、商品提供の作業を徹底的で、従業員をロボット化させて、結局、提供する側に対してても、ロボット化でうけとめてくれるであろうことを想定していたはず。でも、実際には、それを二〇から三〇年とやってきて、それではだめ、顧客がそのような商品を口にしたいとは思わなくなる。お水を沸かして、お湯使ってあたたかいものをつくり、その手間をかける。あたたかくて、美味しいものをつくる。丼家では、この鍋の温度管理まで徹底している。それによって、店員は働いていることのプライドを感じる。けっして、ロボットではない。お客様も、提供される商品にあたたかさを感じる。そこを感じとっているから、再び、お店に足を運んでくれるのです（長沼聡子　二〇一三年三月二日）。

詳細に記載された調理行程のマニュアルを、店舗マネジャーが店員に教え込んでいく。そのマニュアルには、一食分の食材が、グラム単位で記載されているだけなく、使用容器と作業時間が秒単位で記載されている。ここにも店舗での工夫があり、標準時間帯での調理時間と、店舗の顧客が増える繁忙時間帯での調理時間がそれぞれ記載されている。各調理行程と商品の盛りつけがカラー写真で記載され、店員はマニュアルを模倣していくことで調理ができるように構成されている。各商品について気をつけるべき点も記載されている。最も調理時間が短いものは、牛丼で、丼にご飯を盛り付けるのに五秒、その上に、牛肉とタレを仕込んだものを盛り付けるのに七秒、のたった一二秒で商品が完成し、顧客へと配膳される。

山口マネジャーが、店員にあてた共有文書に、店舗経営の哲学をみてとることができる。

一店舗の経営を行う店舗マネジャーから複数店舗の経営を行うエリアマネジャーへと昇進する

と、マネジャーの関心は、店舗店員のフロアでの動きよりも、各店舗の数字の動きを意識していくようになる。毎日の日課は、各店舗の時間帯売り上げを確認し、そこに店舗の状況を読み解き、的確な指示を店舗マネジャーへと落とし込んでいくことである。この数字には、店舗店員の動きが反映されている。

複数店舗のマネジメントを円滑に図るエリアマネジャーは、毎日の店舗回りを欠かさず行っている。担当店舗からヘルプ要員を必要としている店舗まで、現場感覚を大事にしている。エリアマネジャーが来店すると、店舗にはいい緊張感が生まれる。できるだけ、店舗店員と、顔を突き合わせたコミュニケーションをとり、ときには、エリアマネジャーがフロアに入って、実際の動きを他の店員に感じ取らせていく。

エリアマネジャーにとって欠かすことのできない仕事が、エリアマネジャーの仕事を店舗マネジャーへと伝達していくことである。マネジャーは、一日では育たない。様々な局面での業務を経験しておくことで、エリアマネジャーになるのに必要な実践的なスキルを日々の業務で磨いておくのである。エリアマネジャーが担当する業務を店舗マネジャーができるようになると、必然的に、そのエリアの組織力は上がっていく。多くのエリアマネジャーは、目先の自分の仕事をこなすことに固執している。エリア全体での組織力の向上を狙った、動きができないでいる。

エリアマネジャーが店舗マネジャーに仕事を伝達していくのと同じように、店舗マネジャーが店舗店員に仕事に伝えていくと、組織力はさらに向上していく。菊名店舗や赤野店舗では、仕事の落

表4-3　店舗マネジャーから店舗店員への経営の哲学

(1)　店員・アクトレスに徹する。
お客様からみたら全て同じ従業員店員です。私的感情で演じる店員・アクトレスはいません。気持ちにムラがあってはだめ、たとえ、気持ち的に落ち込んでいたとしても、舞台に立っている間は、絶対にそれを出さない。プロとして舞台に立つのです。
(2)　フロアは舞台だ！
勘違いしやすいのが厨房が舞台と思われがちだがそうではない！　あくまでもフロアがお客様が描く舞台。舞台にお邪魔する気持ちがあれば姿勢は低姿勢に。ごみは拾う様になり、テーブル椅子は磨くようになる。
(3)　元気で明るく。
この人、明るいなあと言ってもらえるようにしましょう。元気は、良く食べ、良く寝て、良く笑うことです。お客様に、「いつも元気だね」とお声かけしてもらえたら合格です。それをマネジャーに伝えてください。みんなで褒めてあげます。「あの店、アホみたいに明るい」を目指していきましょう。
(4)　テンションの維持。
店舗サービス時のテンションをいつでも同じ状態を維持する。他の店員に対して、気持ちのムラをみせてはいけない。ドライブスルーのお客様には、店内より元気な声で行う。
(5)　素早い動き。
店内は、早歩きで移動する。遅く歩いていると、だらだらしているように映る。お客様の注文があれば、素早く動いて向かう。
(6)　徹底した体調管理。
どんなに体調が悪くても舞台に立つのです。原則、体調不良は認めません。体調の悪い日もあります。そんな日は、仲間に伝え、フォローしてもらいましょう。これがチームです。ただし、毎回体調不良では駄目です。体調管理を徹底させる。自己管理できないのはプロではありません。食事を提供するサービスであるので、体調不良には極力きをつける。
(7)　Homeだと思え。
Home＝おうちが、お店です。仲間は家族です。お客様はお家に招き入れたゲストです。「おはようございます」「こんにちは」「こんばんは」「おかえりなさい」「いってらっしゃい」「いつも、ありがとうございます」生活をしていく上での挨拶は、いっぱい発してOK！　接客用語に加えていってください。お客様の名前をゲットできたらマネジャーに報告してください。みんなで褒めてあげます。

⑻　清潔空間を維持する。
事務所を綺麗にしておく。11時に床を徹底的に磨く。店舗を利用するお客様にとって、綺麗な店舗であることが常連客を増やすことにつながる。それ以上に、働く環境である店舗が綺麗であることで、店員も充足していく。整理整頓は日常業務、3ヶ月に一回は壁棚を磨く。トイレを綺麗な状態にしておく。朝食サービスをおえて、10時までが使用回数がピークになる。その前の時間帯である、9時にトイレの清掃を行っている。
⑼　気を遣うは×、気を配るは○。
勘違いしている人がいます。気を遣うは、自己満足です。これは気を遣われた側も気を遣うのです。では、どうしますか？　気を配るのです。相手が何を必要としているのか？　お客様を観察しましょう。作業する上でも同じです。あなたの隣にいる店員は、何を必要としていますか？　察する能力を身につけていきましょう。
⑽　互い（店員同士）に愛情を持つ。
恋をしろと言っているわけではありません。もちろん、恋をしても構いません。常に相手を敬う気持ち。人間一人では生まれて来ません。一人で生きている事もあり得ません。では、出会った以上、人を褒める。文句は言わない。文句があるなら、上司に言うこと。店舗内で個人的に文句を言わない。互いの意見を面と向かって交換するのはOK。
⑾　雑談できる話力を磨け。笑い声はOK。
雑談ができる知識を得ろ！　店員から、お客さまから、共に会話を膨らませる事がコミュニケーションをうむ。売上に繋がる事務所内での笑い声はOK。他人を笑わせるセンスのある奴、ガチンコ勝負だ！　厨房フロアに一歩でたら、笑顔に切り替える。
⑿　バックヤードの整理整頓　バックヤードこそお客さまの目はある。
ここで食事できるか？　考えてしまうような事があってはならない。
⒀　報告コミュニケーションを大事にする。
ミスは誰でもする。そのミスに素直に向き合い、自分で解決できないと判断すれば、すぐに、相談すること。報告は、まず結論を伝え、次になぜ、その問題が起きたかの理由を述べる。

とし込みが徹底されている。基礎スキルを覚え、店舗での動きに慣れてきた店員には、できるだけ早い段階で、店舗の売り上げを意識させていく。商品をつくり、店舗に訪れている顧客への目の前の対応を大事にしながらも、一時間の売上、一日の売上、一ヶ月の売上を意識させていく。店舗の売上データは、店舗マネジャーやエリアマネジャーしかみることができないが、店舗店員に、口頭で伝えたり、時間の売上目標や一日の売上目標を事務所に手書きで掲示していく。その目標の達成度について、店員皆でシェアするようにしていく。そうすると自然と、経営的視点が養われていく。売上目標に達成できなかったときは、なぜか。逆に、達成できたのは、なぜかを、主婦店員や高校生店員でも話題にするようになる。単純労働をこなす機械労働者ではなく、店舗を担う経営マインドを持った労働者へと育てていくのである。

店員のモチベーションマネジメントとプレイングマネージメントが浸透し、売り上げに改善の兆しがみられるようになるタイミングで、近隣他店舗よりも時給を五〇円ほど高く設定し、新たに店員募集をかけていく。現在働いている店員の時給もあげていく。昼間の時間帯で、九七〇円から一、一〇〇円まで、一人一三〇円近くあげたこともあった。現在、店員には、一人一人面談を行って特別再生店舗として、時給を上げることをつたえ、成績を店員全員で上げていくようにする。店員は、それを聞くと、ものすごく驚くし、やる気もでてくる。

主婦店員は、精算業務をこなせるようにしていく。精算業務をできるようになれば、お店の管理とシフトの管理もできるようになる。そこまでいけば、社員が休めるようになる。アルバイト店員

表4－4　店舗マネジャーの経営の極意

(1)　自分の事は語るな！　ほぼ秘密にすること。逆に信頼おける右腕ができたら１つずつ紹介するといい。
(2)　シフト交渉は、時間帯問わず全員に交渉する。10回交渉して駄目でも言う。電話交渉が良い。「申し訳ない」と言葉にすることで次の１回はYESも貰えるようになる。
(3)　ランチのピーク時間前に、順番に休憩をとり、ピーク時にパフォーマンスを十分に発揮できるようにしておく。疲労を溜め込む、店員が少なくない。休憩に入るタイミングで、事務所ですれ違うときに、できるだけ、コミュニケーションをとるようにする。できるだけ、ジョークを交えるようにする。
(4)　新任店員が来た時には、名札を用意して、「君が来てくれてうれしい」の演出を欠かさない。
(5)　店舗に対して、会社に対して、店員に対して、社員に対して、絶対にマイナス発言をしてはいけない。愚痴、悪口は禁物。悪口を耳にした店員は、自分の悪口も言われるだろうなと思うようになる。たとえ店員が、愚痴や悪口を述べていても、簡単に、同調しない。
(6)　退職を申し出た店員はどんなに必要無くとも引き止める事。あきらめるな！　自分のプライドは捨てろ！　プライドとシフトのマイナスを己で埋めるくらいなら店員に頭を下げる。これが24時間営業の鉄則！
(7)　クレーム恐れるな！　クレームを言うお客様は怒りと情熱がある。店舗の教育しない店責を問題にする。アルバイトと社員の区別をしっかりして指導すること。
(8)　注意するときは、１点のみ。常に、一緒に学んでいく姿勢で働く。

と社員とがうまく連携取れるようにしていくと、店舗はかわっていく。通常は、アルバイト店員は、社員の指示待ちで、「ぶらさがっている」。そうではなくて、店員一人ひとりが、自分の店であるという意識をもつようにさせる。精算業務が苦手でできないのであれば、接客ホスピタリティのプロフェッショナルになることか、もしくは、清掃のクリーンネスのプロフェッショナルになることを求めていく。さらに、「自分の顧客を獲得していく」ことを目指していく。「お帰りなさい」「行ってらっしゃい」でもいい。「自分のお家に来てもらう」感覚で接客していく。

二四時間三六五日、顧客が食べたい商品を提供する。商品提供がいつでも可能なように食材の発注や棚卸しを徹底しておく。商品は、マニュアル通りの温度帯で、あたたかい商品は熱々で、冷たい商品は冷えた状態で提供できなければならない。提供した商品は、常に完食されるようにして、残飯が残っている場合には、その理由を分析するように心がけておく。

圧倒的なスピードを目指す。商品提供まで三分以上かかる場合には、お客様にお断りを入れ納得してもらうように促す。音を立てず、店内ではすばやく動く。食事を食べ終わり、店舗を出る動作に入った顧客を確認すると同時に食器の片付けを瞬時に行う。顧客が思わず、「はやい」と独り言で出てしまうような驚くスピードを追求していく。

シフトに入るということは、舞台にあがることであり、常に笑顔で演じきるプロでなければならない。顧客とは意識的に目を合わせて、笑顔をふりまく。店内でのかけ声は、心地よい音階にする。お客様が、「ごちそうさま」ではなくて「ありがとう」と思わずいってくれるような最高の丼家づくりを日々、追求しているのである。

二四時間営業の店舗を任されるという役割は、気を休めることのない、終わることのない業務に従事していくことでもある。日々、予期もしない問題に直面し、即座対応を求められる。そうした過酷な職務から離職するものも絶えない。離職せずに続けているマネジャー達にとって、続けている理由は、生活をしていくための賃金の為であることは理由の大きな部分を占めているが、それ以上に、店舗経営していく悦びを感じていることがより積極的な理由であるといえる。

店舗の経営は、予想を的中させていくことの繰り返し。時間帯の売り上げを前年度の売り上げ、週間の動き、当日の天候などから総合的に判断して、予想をたてていく。とくに、ピーク時間は、お店に流れ込んでくる、顧客を的確に予想して、それが見事にあたると、気持ちいい。それは、競馬で当てたときの感覚に近いと思う。違うのは、その結果を一人ではなく、店員の皆や、他のマネジャーと一緒に味わえること（中村宏太　二〇一四年三月三日）。

店舗の経営とは、動態的なものである。目標の管理と達成に向けて、思うようにマネジメントできない局面をどのように乗り越え、マネジメントしていくのか。ここが問われている。ここでドラッカーの労働に関する整理に倣うならば、機械のように動くことのない人を、様々なスピードやリズムを加えることで単調な作業にせず、変化を加えていくことが求められる（ドラッカー二〇一一：五九）。適度な変化をつくりながら、それらを店員間で共有させ、ときに、ゲーム的に競い合わせることで、そこに労働の楽しみがみえてくる。

数字を現場で頑張って、出していくのが面白い。自分の工夫が、いかに、売り上げにつながっていくのかが喜び。あとは、店員を育てて、その店員が成長していくこともやりがい。この点は、子育てと店員を育てることは、同じだと考えている。スキルを伸ばしていくことは、押し付けることではなくて、伝えて響くまで待つことだと思う（長沼聡子　二〇一二年四月二四日）。

店舗マネジャーにとって、変化はまず、店舗に関わる様々な数値によって確認される。来店客、回転率、単価・売上、人件費、固定費、これらの数字がどう変動するかを分析し、昨年度の比較を行い、予想をたてていく。見事的中すれば、そこに喜びが生まれ、予想から外れた場合には、それが明日以降の予測への資料となり、モチベーションともなる。

楽しい職場にする為にマネジャーとして、声掛けで店員をリラックスさせるように考える。失敗を直接、叱責しない。マネジャーとして、笑いをつくる。店員を楽しませる。会話を大事にする。上に立つマネジャーが、きっちり仕事をして、仕事を完璧にこなすことが当たり前であるということのみを伝えるだけでは店員は、苦しくなってしまう。ミスを罵倒し、怒り散らかすマネジャーには誰もついてこない。一時期売上が上がったとしても下がっていく。店舗マネジャーは、経営の意思決定するだけでなく、組織をまとめていくつなぎ役でもある。このつなぎ方が、勘所（植村直樹　二〇一三年一月六日）。

丼家の経営では、商品提供から片づけまでの一連のプロセスをできるだけ効率化させ、回転率を上げていく。この回転率の速さとともに不可欠なのが、常連客の獲得である。そうした究極の店舗を追求していくと、丼家の先がみえてくる。

アミューズメントパーク、たとえば、ディズニーランドをこえるぐらい魅力をどのように創りだしていくか。食事をする場所ではなく、お客様を喜ばせるエンターテイメントにしていく。着ぐるみをきたり、パレードがあるわけではないけど、店員の動き、挨拶、声掛け、商品を通じて、お客様に喜んでもらえる店舗をつくっていくことを目指している。美味しいだけでなくて、居心地がいい。楽しい。また、来たい、また、食べたい、と思ってもらえる店舗を日々つくっていく。店員それぞれが、働いていて、楽しい。シフトに入っていない時にでも店に立ち寄りたくなるような店舗をつくっていきたい（長沼聡子　二〇一二年四月二〇日）。

顧客にとって、美味しくて、ただ食事をするだけでなく、居心地がよく来店したくなる店舗。従業員にとって、働いていることが楽しく、立ち寄りたくなる店舗。丼家の店舗経営の究極的な理想はここに向かっていく。このすべてが達成される店舗の売上は自然と伸びてくる。そうした店舗では、店舗を形成する歯車が一つひとつ噛み合いながら、それぞれの要素が相乗的に絡み合い利益を生み出していく。それがいかに容易なことではないことは、本書でみてきたとおりである。

これまで店舗経営のマネジメントへの専門的視座は、事業目標の設定と実施、経営の戦略、そして組織の調整等の、組織管理のマネジメントが多大にフォーカスされてきた。二四時間営業の店舗経営をみてきてわかることが、組織管理のマネジメントの効率性とその限界であった。売り上げを伸ばしていくという大前提の課題に向き合うのに、感化されてはならないことは、働くことそれ自体の悦びや困難に向き合う、いわば、組織感性のマネジメントとよびうるものである。

＊1　http://www.zensho.co.jp/jp/company/message/
＊2　http://www.yoshinoya.com/

結論

丼家の経営

なにしろ、昨日までオーケストラでフルートを吹いていた人や手術室でメスを振るっていた人が、次の日からは自分と同じことをしている人たちを管理する立場になるのだ。すべてががらりと変わる。それなのに、誰も手を差し伸べてくれず、自分だけでなんとか切り抜けていかなくてはならない（ミンツバーグ 2011：5)。

1　店舗マネジャーの仕事

本書では、丼家の労働現場を事例にして、店舗への観察調査、店舗マネジャーへの聴き取り調査、筆者自身の労働経験から、丼家の経営の内実について明らかにしてきた。組織マネジャーには、二つの役割がある。一つは、「部分の和よりも大きな全体、すなわち投入した資源の総和よりも大きなものを生み出す生産体を創造すること」（ミンツバーグ 二〇一一：一二八）である。その為に、ミンツバーグによると、①事業のマネジメント、②人と仕事のマネジメント、③社会的責任の遂行という三つの役割を果たしていかなければならない。本書では、この①と②について詳述してきた。③社会的責任の遂行ということでいえば、本書では取り上げることができなかったが、東日本大震災以降の被災地への炊き出し等の支援活動などがある。

もう一つの役割は、「あらゆる決定と行動において、ただちに必要とされているものと遠い将来に必要とされているものを調査させていくこと」（ミンツバーグ 二〇一一：一二八）がある。それは具体的にいうと、今日のために明日犠牲となるものと、明日のために今日犠牲になるものについて計算し、その犠牲を最小限にとどめ、そららの犠牲をいちはやく補っていくことである（ミンツバーグ 二〇一一：一二九）。

本書で取り上げたマネジャーの多くは、何を犠牲とするのかの判断に、日々悩まされているといえる。二四時間営業の店舗マネジャーに課せられた役割は、今日、明日の隔てなく、どんな問題であれ、一刻もはやく対応することが求められる。しかし、幾重もある現場の問題の中から、どの問題に対応していくべきかの優先順位がみえにくく、マネジャー間で共有されにくい。この問題への二四時間体制の対応と、優先順位のみえにくさ、によって疲弊していくマネジャーを数多くみてきた。マネジメント研修時に、業務の優先順位を明確に定めていくこと、それをマネジャー間で共有していくことがマネジャーを疲弊させない、有効な手立てとなる。

マネジャーに共通する仕事は、「①目標を設定する、②組織する、③動機づけとコミュニケーションを図る、④評価測定する、⑤人材を開発すること」（ミンツバーグ 二〇一一：一二九）である。本書ではこれらの五つの仕事について取り上げてきた。他のサービス産業労働現場との職務比較等は、非常に興味深い点である。職務の違いによって、管理者の行動や役割、意思決定などがどのように違ってくるのかについては、様々な労働現場の諸相としてつぶさに追いかけていかねばならない。これまで外食店舗マネジャーの職務に着目し、日常業務についての組織経営について社会学的な視点で描かれた作品はみられない。本書は、外食サービス業界の労働現場に肉薄する経営社会学の先駆的な研究の視座を提示してきた。

丼家の店舗マネジャーは、店舗経営のみならず、非正規社員の人事管理と人材育成からなる管理業務に追われ過剰な労働を強いられている。明確な目標を掲げ、経営改善を図ることで純利益を増大させることができるというのは、合理的な経営の共通了解事項である。丼家の店舗マネジャーは多様で状況変則的な具体的な課題への対応に追われている。

店舗マネジャーは、二四時間のシフト編成を二週間毎に行っている。シフト編成はあくまで予定であり、体調不良や個人的な用事等で、店員の欠員は日常的に起きている。その欠員をどのようにして埋めるのかも、店舗マネジャーによるマネジメント手腕のみせどころである。さらに、店員マネジメントのみならず、注文から商品提供までを数十秒以内で行うスキルの向上と最適なフロアコントロールを図っていくことが求められる。店員のスキルとフロアコントロールがうまく噛み合うとき、売上は伸びる。ここに店舗マネジャーは、働くことのやりがいや労働の楽しさを享受している。

本研究の成果とミンツバーグの研究成果をもとに、丼家の経営に携わる店舗マネジャーに求められる役割について次の六点にまとめることができよう。第一に、店舗マネジャーは、店舗の利益を追求し、サービスの能率的生産を確保しなければならない。店舗マネジャーは、店舗の売上を達成していくことが求められる。第二に、店舗業務を体系化し、安定化させることである。従業員それぞれが、仕事をこなし、商品提供の工程に無駄がないか、監督しなければならない。第三に、店舗を変化する環境に適応させていかなければならない。店舗マネジャーは、本社での経営戦略方針に従い、店舗システムを適宜、適応させていくことが求められる。第四に、店舗に関わる従業員の目的達成を保証しなければならない。第五に、店舗と外部環境をつなぐ重要な媒介者として働かなければならない。店舗を構える地域との社会的取り組みや他業者との良好な関係性を構築していくこと

表結－1　店舗マネジャーの采配

	悪循環を招く店舗マネジャー	好循環を招く店舗マネジャー
採　用	面接を担当する	面接を任せる
研　修	新人店員のトレーニングを担当する	新人店員のトレーニングを任せる
勤　務	自らシフトに入る	シフトを調整する
店員対応	店員を「叱る」	店員を「褒める」
声かけ	店員に話しかけない	店員に話しかける
働き方	感情的に働く	理知的に働く
感情の表出	感情を表情に出す	感情を表情に出さない
指摘ポイント	「目に見えるミス」を指摘する	「目に見えるミス」を指摘しない
業務分担	精算業務を自らやる	精算業務を任せる

が求められる。そして最後に、店舗内の地位体系を操縦しなければならない。店舗マネジャーは、その公式権限のもとに、店舗で働く従業員の地位体系を調整・管理していく責任がある。

この六つの役割を理解し、好循環をもたらす店舗マネジャーとこれらの役割を全うできずに、悪循環をもたらす店舗マネジャーとは、表結－1のように、現場での采配をまとめることができる。

顧客数とその回転数、売上向上の鍵となる特性をもった労働管理の手法、フロアでの商品提供プロセスの詳細、非正規雇用従業員の採用と研修等、本書を読み進めてきて、従業員との組織作りをとおした苦労や困難に向き合いながらも店舗を切り盛りしていく、丼家の経営に関するリアルな出来事の数々を追体験できたのではないか。そこに丼家の経営に成功の物語を読み解く読者も少なくないだろう。けれども、これは本調査に取り組むときに、思い描いていたシナリオではなかった。二四時間労働の現場の過酷さや、非正規雇用の労働の厳しさが、主に描き出されるのだと想定していた。けれども結果的に、本書のように舞台が展開されてきたのは、日々、現場をマネジメントする店舗マネジャーの柔軟な采配が優れていたからである。

2　流動的な職場の内実

複数店舗を管理しているマネジャーが、心休める時間を確保することは難しい。本書を執筆中にも一二人もの複数店舗マネジャーが辞職している。複数店舗マネジャーは、店舗での実務経験を積み、そこでの経営実績が評価されて、昇格してきた会社の要となる人材である。そのマネジャーが辞めていく。一二人の行き先は、うどんを中心としたチェーン店舗に転職したものや、レストラン店舗に転職したものもいる。離職し、転職していくものの大半は、同業他社への外食産業への転職であり、異業種に転職する傾向がみられる。マネジャーとは、生まれつきの特性ではなく、マネジメントの方法を実践的に学び、試行錯誤していくなかで、マネジャーになっていく。マネジャーの育成というのは、組織の重要課題である。

アルバイト従業員の人材不足とともに、店舗マネジャーや複数店舗マネジャーが離職していく。サービスを提供するのに不可欠な人材の不足と流動性の高さを内包しているのが、丼家という巨大市場なのである。出て行く者を惜しんでいる時間も許さない労働の現場がそこにはある。時給を数一〇円上げて、ネット広告を掲載する。その翌日には、確実に面接の申し込みが入る。採用された者は、その数日後、制服を着て、現場で商品提供をしながら仕事を覚えていく。人員はひとまず補填される。

①マネジャーの経路、②情報の伝達、③組織の管理と運営、④マネジャーネットワークでそれぞれにみえてきたことは、あらゆる分野で〈マクドナルド化〉していく現代社会の労働現場の実態を象徴的に浮かび上がらせていると考えられる。第一に、丼家の脱ファストフード化に対応する店舗マネジャーの環境適応がある。売り上げ好成績を上げる店舗では、低価格の商品を効率より迅速に提供するというファストフードサービス外食産業の共通アジェンダが、顧客のニーズに必ずしも対応していないことを的確に分析していた。券売機型店舗から接客型店舗への移行も、接客業務での効率化以上に、従業員と顧客との相互やりとりの機会を重視したものである。新規顧客を獲得していく特別キャンペーンを展開していきながら、一度来店した顧客を常連客にできるかが、重要な店舗経営戦略となっている。

第二に、丼家の店舗マネジャーの仕事は、先行する研究蓄積にみられるのと同様に、「終わりなき性質」の職務であった。実際に本書で取り上げた店舗マネジャーの週間就業時間も五〇時間に及んでいる。対応する業務も多種にわたり、同時作業で迅速で的確な対応が常に求められている。各店舗の売り上げは、本部へと自動的に報告され、昨年度比や他店舗との比較データが随時送られてくる。店舗マネジャーに休む暇はない。従来型の手紙での情報伝達は今や皆無で、メール等で全店舗と本社統轄部と連結させるグループウエアでの連絡手段は、店舗マネジャーの日常業務とが常にモニタリングされている。本社統轄部と全国にある各店舗は、集中的なモニタリングによる情報伝達システムの上に成り立っている。ゆえに、営業報告等、地区管理職にメールで随時報告するなどの業務報告作業や、現場対応に追われているときに、地区管理職から催促メールなどが届くことも日常茶飯事である。

本書では、丼家の経営を明らかにしていくために、経営に携わる多様な関係者にフォーカスし、店舗に足を運ぶ顧客の様子は、取り上げてこなかった。従業員とのやり取りの中で必要な場合に、登場している程度である。丼家は、顧客の中でも生きられている。

3 二四時間営業の終焉？

店舗は二四時間、年中無休で営業を続けている。店舗を開店した、その瞬間からその店舗を一日も一時間も休むことなく、営業を続けていかなければならない。何時でも顧客は店にやってくる。来客とともに、数分以内で美味しい食事が提供される。このサービスを提供するのに店舗マネジャーは従業員とともに、日々奮闘している。

だが、丼家は、大きな転機を迎えている。丼家最大手のすき家が、全国一二四店舗で午後一〇時から午前九時までの深夜・早朝営業を休止している。[*1] さらに、二〇一四年二月から四月にかけては、厨房機器の施設の不具合と人材不足による従業員の採用難によって、最大一二三店舗で一時休業や時間帯休業の措置が取られている。すき家は、吉野家や松屋と比べて歴史が浅いが、一九八二年に一号店を開店させると、飛躍的に店舗数を伸ばし、現在一、九六七店舗を全国に構えている。[*2] そのすき家が数百店舗で、一時休業や時間帯休業を強いられる事態に陥っていることは、二四時間営業のビジネスモデルからの転換を意味している。

すき家の時間帯休業は、二〇一四年二月一四日から始めた牛すき鍋定食、とろーりチーズカレー鍋定食、野菜たっぷり牛ちり鍋定食、等の、以前のメニューと比べて、仕込みに手間のかかる新商品の導入にともない、従業員の負担増が深刻化したことがその発端にある。負担増がアルバイト従業員の大量の離職者を生み、店舗には、「人員不足のため店舗を一時閉店させて頂きます」という掲示が張り出された。その掲示内容がツイッターなどのソーシャルメディアに投稿され、閉店店舗の写真が続々とアップされていった。丼家は、人件費をぎりぎりまで切り詰めて、利益を生み出している。二四時間営業を支える深夜帯は、従業員一人ですべてのオペレーションをこなしている。手間のかかる新商品の導入は、従業員のオペレーション能力の限界をこえてしまったのである。ゼンショーは従業員の不満を噴出させた牛すき鍋定食を二〇一四年四月一日から販売停止している。[*3]

この事態を新商品の導入にともなう従業員の大量離職とその対応という近視眼的にのみに捉えてはならない。理由はなんであれ、たとえどんなときでも店は閉めないという二四時間営業を死守してきた丼家の経営の大きな転換のきっかけとなる社会的出来事である。この問題について、スーパーバイザーの横村直樹に質問を投げた。「慢性的な人員不足が問題で大量の離職が生じたのではないと思う」という返答を受けた。植村は「オペレーションをこなすロボットワーカーを育てていたことの問題。そもそも、新商品の導入は、店舗店員にとって、喜びをともなうエキサイティングな課題のはず。いかに、その商品を効率よく、もっとも美味しい状態でお客様に提供することを考えていくことが面白く、やりがいも感じられる。自ら考え、最適な状況を創りだし、働く喜びを感じることのできる従業員を一人でも多く育てなければならない」（横村直樹　二〇一四年四月二七日）と締めくくった。

私自身の面接と労働経験からも言えるように、徹底的に効率化され、丼家の労働は、最短でスキルを習得していくように採用から研修までのプログラムが組まれている。慢性的な人材不足を埋めるべく、毎日、採用活動を続け、従業員を補填していく。そのプロセスで、働くことがスキル化され、働くことが機械化されていく。そこでのスキル化された従業員は、ややもすると、その過程で、状況に応じて、対応しながら働いていく思考を削がれている。アルバイト従業員に働くことの楽しさを教える採用から研修のプロセスは一筋縄ではいかない。最短で労働力を補填することのでき、会社の負担の少ない便利な労働力としての非正規雇用は、丼家の経営をこれまで支えてきた。労働者側にとっても、気軽に働いて、気軽に辞めていくことに疑問を感じない労働の形態の受容であった。つまり、丼家の経営の幹である従業員と雇用をめぐって、根本から考える機会を与えてくれるのが、今回の大量離職とそれにともなう数百店舗の一時休業なのである。

より根本的な問題として、二四時間営業を続けていくことの意義についても考え直す時期に差し掛かっている。吉野家が二四時間営業を開始したのは、一九五一年だと言われ、その後、会社法の設立にともない、時間限定営業をしてきた。吉野家、松屋、すき家ともに、一九七〇年代以降に、二四時間営業の店舗経営を続けてきた。歴史的にみるとこの時期は、高度経済成長期から安定成長期を迎え、丼家の二四時間モデルとは、こうした経済成長を支える食事処として併走し、発展してきたといえる。しかし、経済は成熟し、我が国は、縮小社会への一途を辿っている。総人口は減少し、労働力人口も軒並み減少している。二四時間営業に固執し、店舗の営業を続けていくか、ここで大きな経営判断を下し、来店顧客数が相対的にみて少ない、深夜と早朝の営業を閉める開店時間を限定した店舗の営業へと転回していくかの過渡期を迎えている。

この過渡期に、丼家は大きな経営戦略の決断をしている。それが、外国人労働者の積極的な採用である。本調査に取り組み始めた二〇〇八年は、丼家で働く外国人労働者の姿はほぼみられなかった。二〇一五年に入り、都内や都内近郊の店舗には、アジア系の労働者の姿をみかけるようになってきた。中国、韓国、フィリピン、ベトナム等から日本に勉学に来ている留学生をアルバイト店員として雇用している。面接機会も増やしている。これから採用を増やしていく外国人労働者を含め、彼ら・彼女らを二四時間営業を持続していく為の切り札として雇用していくのか、否か。本書の調査が今から五年をかけて行うものであるならば、丼家はまた違ったドラマを紡ぎだし、異なる社会的世界を浮かび上がらせるに違いない。その丼家の続編は、調査を継続しながら、刊行していきたい。

4　卓越化したフロアワーク

最後に本書の冒頭で掲げた、丼家の労働は、マクドナルド化に象徴されるように、脱人間化されているのだろうか、という問いに立ち戻る必要がある。本書を通じて、明確な答えを導き出すことができる。脱人間的な労働を強いられる店舗は、離職率が高く、結果として、店舗の経営が悪化していく。逆に、効率化された作業工程の中でも、絶えず、店員同士でコミュニケーションを交わしたり、勤務前後にも日常的にやりとりが生まれる店舗では、従業員は辞めていくことなく、店舗に愛着を持つようになる。丼家の現場を円滑に回していくには、作業ライン化できない部分での従業員間のコミュニケーションが肝心であるということである。そうであるので、丼家の労働は、脱人間化したラインワークから構成されているという結論が導き出されるのであれば、その見解は、きわめて部分的なものであり、また一面的である。この点で、リッツアの見解と、丼家の労働の現場とに、経験的なズレを確認することができる。

経営の共通目標である売上を伸ばしていく店舗にみてとれるのは、効率化を徹底的に推し進める過程で機械化した脱人間化していく従業員の姿ではなく、むしろ、効率化を徹底的に探求していく過程で、無駄をそぎ落とした技術を磨き上げ身体化させ、それを連携化していく卓越された、きわめて有能な人間的営みである。店舗マネジャーが、この点を看過してしまうと、従業員との信頼関係の構築は難しく、経営は難航していく。

いくつか異なる場所にある丼家に足を運んだことがある人なら、店舗内の雰囲気の違い、居心地の違いに、気がつくだろう。外からは一様にみえて、店内の設備等は同じでも、その中身が異なる。より丁寧にみていくと、流れるような連携プレイをする丼家もあれば、ギクシャクした様子の丼家もたしかに存在する。店舗の個性が感じられるだろう。その個性を創りだしているのが、店舗マネジャーと店員たちの日ごろからの働く現場でのコミュニケーションであった。

丼家の経営とは、店舗マネジャーと店員との店舗での出会いを信頼関係や働くことへの喜びへと育てていく相互行為のコミュニケーションの束をハンドリングし、より多くの利益をもたらしていくために、商品力と労働力、店舗力を総合的に調整しながら、店舗で繰り広げられる様々な環境－状況の変化に対応していくことが求められるパフォーマティブなマネジメントワークなのである。

＊1　「すき家」の職場環境改善に向けた施策について（株）ゼンショーホールディングス 広報室　プレスリリース（http://www.sukiya.jp/news/2014/04/20140417.html）。

＊2　すき家の歴史的変遷については、補論に詳しい。

＊3　http://www.sukiya.jp/news/2014/03/20140328_2.html

補論

丼家の系譜

丼家を知らない者はいない。丼家は、全国で四、〇〇〇店舗を越えている、その数は三、三〇〇店舗を構えるマクドナルドを凌ぐ。[*1] 外食上場企業の売上高ランキングでは、二、九四七億円で日本マクドナルドホールディングスが二位。三位には、一、六四五億円で吉野家ホールディングスが続く。二位と三位を抑えて、四、一七五億円という圧倒的な売り上げを出しているのが、ゼンショーホールディングスである。ゼンショーホールディングスは、外食産業の買収を続け、急激に成長を遂げた企業としても知られている。その出発点となったのが、一九八二年にオープンしたすき家である。ゼンショーホールディングスの現在の発展は、すき家の成功なくしてはなかったといえよう。三位の吉野家ホールディングスも、丼家の吉野家の親会社である。国内最大手の外食産業をこれまで牽引してきたのが、丼家なのである。

国内四、〇〇〇店舗の内訳は、チェーン店舗経営を展開している吉野家、すき家、松屋、なか卯、神戸ランプ亭、牛丼太郎、どん亭、たつやの、主にこの八つの丼家からなる。丼家の御三家といわれる吉野家、松屋、すき家の店舗が、その大半を占めている。それでは丼家の御三家が、国内でそれぞれ一、〇〇〇店舗を開店させてきたこれまでの歴史的経緯をみていくことにしよう。

1　旨みの探究：吉 野 家

丼家の源流は、一八九九(明治三二)年、東京都中央区日本橋にあった魚市場に個人商店として開業された吉野家一号店に、そのはじまりをみることができる。日本の丼家で最も古く、一一五年を迎えた。マクドナルドの第一号店が銀座に誕生したのが、一九七一年の七月であるので、吉野家は、その七二年前から経営を始めていた。

創業者は松田栄吉で、吉野家という名前は、松田栄吉の出身地である大阪・吉野町より名づけられたと言われている。一九二三年の関東大震災により魚市場が築地に移転したのにともない、移転する。その後、一九五二年に吉野家がはじめて、二四時間営業体制を開始した(槙野 二〇〇二)。現在の経営モデルへの転機となったのは、父松田栄吉のあとを引き継いだ、松田瑞穂社長が、一九五八年に資本金一〇〇万円で株式会社吉野家を設立したことを発端とする。吉野家の看板のオレンジ色は、一九六五年に、当時の社長であった松田瑞穂が、アメリカのコーヒーショップの屋根色から着想を得て、一キロメートル先からでも目立つオレンジ色が採用された(村田他 二〇一〇)。

国内で一、〇〇〇店舗を越えて、丼家経営を展開していくことになったビジネスモデルの原型は、一九七三年にフランチャイズ店一号店を開店させたことにある。フランチャイズ一号店の開店から、たったの五年で国内二〇〇店舗の出店を達成する。急成長を支えた当時のエピソードに、吉野家の経営とマクドナルドの経営スタイルとの、相同性を見出すことは、難しくない。

吉野家一号店は、築地に店を構え、座席は一五席のみであった。松田瑞穂は、この築地店で年商一億円の達成に取り組む。そのために必要な客数は、一日に一、〇〇〇人で、築地の労働者にあわせて開店させている午前五時から午後一時の八時間で、六六・六回転まわすことが、経営のノルマとなる。六六・六回転を可能にするには、来客してから食事をして、精算を済ませて出ていくまでを約七分という短時間で実現させなければならない。この無謀ともいえる売り上げ目標を、当時、吉野家一号店では、見事に達成している（戸田　二〇〇七：一〇五）。

このスピードを達成するには、食事の提供までの時間を効率的・合理的にシステム化して、短縮化していくことが不可欠である。マクドナルド化を牽引する、商品を手にするまでの時間の短縮化、計算可能性は、丼家の店舗の現場でも重要視される事項であった。

丼家の経営で見落とされてはならない点は、食事であるということである。どれだけ、はやくて、安くても、味が美味しくなければ、顧客はつかない。吉野家は、「うまい・やすい・はやい」の三要素を大事にしながらも、とくに、競争力の生命線である「うまい」を最優先していく。その経営戦略の柱には、「うまい・やすい・はやい」を忠実に実現できる店で「商品は飽きない」という観念から出発し、主力商品を固定したメニューを限定し品質を維持した上で徹底的に改良している（槙野二〇〇二）。

うまさに徹底的にこだわり、赤身と脂身のバランスのとれた「ショートプレート」という牛肉の部位を使用し、生後一八ヶ月から二四ヶ月を理想的な素材としている。玉ねぎは、甘味だけでなく、食感にすぐれたものを、ごはん、たれ、紅生姜にいたるまで、牛丼に一番あうと思えるものだけを選定してきた。たれは、様々な原料を加熱することなく、時間をかけて低温で熟成させる。二〇分をめどに新しい牛丼を入れ続け、鍋の状態を最善に保ちながら、たくさんの牛肉を煮込んでいく。

このとき、一二、五〇〇キロカロリーの大火力鍋で熟してから、温度調節をしていく。牛肉の旨みの中心にあるアミノ酸を閉じ込めておく。熱すぎても、ぬるすぎても、味を損ねてしまうので、たれの注ぎ足しや牛肉の追加のときも細心の注意を払い火加減を調整していく。牛丼を盛り付けるおたまには、四七の穴が開いていて、うまみをしみわたらせる。たれの中には、よく熟成した甘みのある生姜をすりおろして、隠し味として用いている。[*2]

吉野家では、食材の調達を、肉も野菜も米もたれもすべて、問屋やサプライヤーに任せきりにせず、綿密なコミュニケーションで生産段階からコントロールしている。原材料の調達プロセスからお客様への提供までを管理することで食材の品質や安全性を確保し、今後もより安全で、健康に配慮した原材料を調達していく。

一九八〇年に会社更生の手続きを申請し、その後、セゾングループの資本参加を受けいれ、経営を再生させていく。九一年に香港、九二年に北京、九七年にシンガポールとアジアでの海外店舗を開設していきながら、九六年には国内で五〇〇店舗の開店に到達する。二〇〇四年には、国内一、〇〇〇店舗を突破した。ここで大きな経営戦略の転換を余儀なくされた。日本政府が米国産牛肉の輸入停止を発表した、狂牛病の影響である。それから二〇〇四年二月から二〇〇六年九月まで、主力商品である牛丼を休売した。この九五〇日間の歴史を経て、その後、牛丼のみに頼らない「メニューミックス（複数アイテムの商品ライン）」ビジネスを確立してきた（槇野　二〇〇二）。

二〇〇四年以降は、牛丼以外の新たなメニューを開発し、複数メニュー品目の展開によるビジネスモデルを構築し、牛丼に依存しない利益構造を確立している。牛丼単品で培った運営効率の高さと、複数メニュー品目による顧客の拡大、それぞれの強みを融合し、販売形態の再編を図っている。当時、代表取締役社長であった安倍修二は、「吉野家が、これからもお客様の期待に応え続け、そのブランド価値を一層高めていくためには、守るべきものを守り、変えるべきものを変えて、常に進化を続けていくことが必要と考えています」[*3]と述べている。この考えに基づき、メニュー構成やサービス形態の研究開発を進め、「食の安全」も徹底している。

店舗の責任者である店舗マネジャーは、週に一度、本社に集まりマネジャー研修を通じて、店舗組織を動かしている。企業理念や哲学を共有し、経営戦略に基づき店舗を運営している。

吉野家では、全員が力をあわせてエネルギーを集中させていくところに強みを持っている。従業員全員に経営感覚が共有されていて、新入社員にも徹底的に初期教育が施されていく。店舗運営のための数値知識、マネジメントの理論を学び、経営の意思をもって一人一人が動いていく。創業当時からチェーン展開を見据えて、組織作り・人材育成に取り組んでいる。

人材教育と同時に人材評価制度の体系化も改善を重ねている。評価の基本コンセプトには、実力・成果主義を据え、従業員の活躍する場をつくり、そこで実力を発揮した人材を評価していく客観的な評価システムを導入している。[*4]

吉野家の組織的統一は、「抽象的な表現を避け、客観的なデータや論理的思考をコミュニケーションの手段に用いている。物事を感覚的に評価するのではなくて、数字や客観的なものさしを基準に判断する」[*5]企業方針によって支えられている。

その後、二〇一〇年にインドネシヤ、二〇一一年にタイにも開店している。「粋なサービス」や変わらぬうまさを表現でき、「こころいき」を感じる空間づくりを目指してきた。資本力と規模をもっても淘汰できないものが「味」である。競争力のきめてとして「うまい」商品を提供し続け、今や社員数は九六二名、パート社員は全国で五、五〇〇名を超えている。吉野家は、一九八〇年の会社倒産と二〇〇四年の主力商品の販売不可という二度の経営危機を乗り越え、丼家産業を確立し、牛丼文化をこの国に根付かせてきたリーディングカンパニーである（安部　二〇〇二）。

2　顧客の目線：松　屋

築地に一号店を開店させ、築地の労働者にできるだけ、はやくて美味しい丼を提供してきた吉野家にたいして、東京都江古田の住宅街に店舗を構えたのが松屋である。松屋の出発点となった店舗は、一九六六年に開店した中華飯店松屋である。その二年後の一九六八年に牛めし焼肉定食店「松屋」を出店する。この店舗が松屋一号店である。

創業者は瓦葺利夫で、順調に店舗数を増やしていき、二〇〇〇年には国内三〇〇店舗の開店を達成する。松屋は吉野家と同じ場所で肉や材料を卸しており、当時の社長が吉野家に通いつめていた

という エピソードも知られている（村田他　二〇一〇：七一）ことから、吉野家の経営手法が松屋にも何らかの形で参考にされていたと言われている。松屋は、吉野家やすき家に比べて、丼・カレー・定食と多様なメニューで強みをつくり、一般顧客の獲得に成功してきた。

創業者の瓦葺は、学生時代から「たった一度の人生だから世界を股にかけるような商売がしたい」と思い続けてきた。就職活動は思ったようにいかず、就職した会社は、すぐに辞職する。そんな際に、知人から江古田に空き店舗が出たという話を聞き、自ら商売をしてみようと決意した。自分の店としてスタートできたことには、喜びを感じていた。住宅街に構えた店舗を行き交う学生やサラリーマンをカウンターから眺めながら、「この店がなくなったらみんなどう思うだろう」「ちょっとは寂しくなるぐらいの存在感にしたいな」といつも考えていたという。*6

一号店を開業した当時からお金を儲けることよりも、「お客様ってなんだろう」「お客様にとってこの店って何だろう」と考えるようになり、それは現在のお客様第一主義という経営の哲学に通じている。学生やサラリーマンから好まれるお店をつくる。「そうだ、お金がなくても、独りでも、家族でも、誰もが家に帰って安心して食卓を囲めるようなお店、肉も野菜もちゃんと毎日食べられるようなお店にしよう」という想いが現在の経営の礎となっている。*7

会社は次第に大きくなりましたが、どんな規模に成長しても、お店あっての会社なんです。お客様あってのお店なんです。ただそこに「お客様にとってどんな存在になりたいか」「何をお客様に提供して喜ばれたいか」という強い想いがなければ、人の心は動かせないし、心が動かなければ仕事も生まれないんですよね。「店はお客様のためにあり店は会社の姿である」「お客様は儲けさせてくれない店に用はない」「私達が得られる満足の程はお客様が得た満足の程である」。この三つの経営理念は、「お客様の心をなんとか動かしたい」という熱くほとばしるような志から出た言葉なんです（代表取締役会長　瓦葺利夫）[*8]。

その後、現代表取締役の緑川源治が松屋の経営を引き継いでいく。緑川は、当時まだ、全国に一店舗で、四坪半しかない松屋でアルバイトをするようになった。厨房には、檜のスノコが敷いてあり、閉店後に、毎日、スノコをタワシでごしごしと洗ってから帰宅していたという。緑川は、当時に、瓦葺会長をマスターと呼び、他のアルバイト達と「いつか全国チェーンにしよう、日本一の会社にしよう、海外に進出しよう」と夢を語りあっていたという。その夢が一つひとつ実現していく[*9]。

一九七〇年代になると、ファストフードビジネスが幕を開け、松屋もこの流れに乗る形で、事業を拡大していく。店舗の出店をすすめ、事業規模を大きくしていく過程においても、「できることは自分たちでやる。店舗設計や店舗メンテナンス、空調のオーバーホールまですべて自分たちでやる」ということを大事にしてきたという。こうした取り組みから、自分たちの店、自分たちのサービスであるという「当事者意識」が自然と醸成され、今でも受け継がれるほどの松屋の企業文化となっている。事業は順調に成長を続け、二〇一二年には、商品力の強化と多彩で効果的な販売促進、一〇一店舗の新規出店、五四店舗の改装、工場生産設備への積極的な投資など、数々の取り組みを実施してきた。二〇一三年三月には国内一、〇〇〇店舗を突破した。[*10]

今後さらに実現へと向かいたいのは、創業からずっと想い続けている「みんなの食卓でありたい」というビジョン。おいしさでホッとする、空間でホッとする、時間でホッとする。人は、食卓にさまざまな幸せを求めています。とんかつ、鮨、ラーメン、カレー、カフェなど、どんな食のシーンからも、その幸せを提供できるようになることが第一の目標です。

その次は、海外のどんな国や地域にいる人たちにも、松屋フーズが提供する食卓を楽しんでもらうことです。ここで私たちが忘れてはならないのは、いかにその国の人々の日常食、食卓の延長として溶け込むかということ。松屋フーズが培った食文化と、その国々が育んできた食文化との融合を図ることは非常に難しいテーマなのですが、私たちが実現したいのはあくまで「みんなの食卓でありたい」という願い。これまでそうだったように、その志を実現するためには、どんな壁にも挑戦していくつもりです（代表取締役社長　緑川源治）。[*11]

お客様第一主義を貫く松屋では、「各自の意欲とキャリアプランを見通した中・長期的な視野に立つ人事制度を構築し、多彩なプログラムを通じて戦略的発想と高度なホスピタリティを培う人材教育」に力を注いでいる。アルバイトスタッフにもスキルに即した独自の教育プログラムを導入し、スタッフ全員が高品質なＣＳ（顧客満足）を提供できる食のプロフェッショナルとなるための仕組みを整えている。さらに若手社員を対象にメンタル面をケアするセミナーを新たに設けるなど、ＥＳ（従業員満足）の向上を目的に専門の心理カウンセラーによる「メンタルヘルスセミナー」を実施したり、フードビジネスの高度なノウハウを学び、戦略的発想を養う新入社員研修を行っている。店舗で提供するメニューのレシピをスタッフ全員が完璧にマスターするために行われる調理技術研修も随時開催している。[*12]

表彰制度も充実していて、業務の改善・改革に関する提案を奨励する「ＭＫＫ（松屋・改善・改革）提案制度」や日常業務を見直し、業務効率の向上・経費削減につなげる「ＭＯＴＴＡＩＮＡＩ（もったいない）推進運動」、全社員から新商品のアイディアを募る「おいしさ創造メニュー」などの表彰制度が設けられている。会社の持続的な成長を目指すプロジェクト活動やアルバイトスタッフも参加する「接客グランプリ」なども活発に開催されている。

未経験者でも、エリアマネジャーになれるように研修を通じて育成されていく。求められる資質として、松屋は、問題発見力＝気づき・創造力＝ひらめき・コミュニケーションスキル＝伝える力を挙げ、人材と店舗を常に変化・成長させなければならないとしている。そのために、問題点に「気づき」、アイデアを「ひらめき」、メンバーに想いを「伝える」ことが何より重要であるとしている。

問題発見力とは、上手くいっているようにみえても存在する問題点を発見し、現状に満足することなく、常に問題意識をもって行動し、本当にこのやり方でいいのか、別の方法があるのではないかと問い続けることで会社と自己を成長させていく〈気づきの力〉である。創造力とは、発見した問題点に対して、成功のビジョンを描き、どのようにしたらうまくいくかを考え、思考を深くし、物事を多面的に捉え常識に囚われず、時代の変化に応じて、クリエイティブに発想し、会社の未来を創っていく〈ひらめきの力〉である。コミュニケーションスキルとは、店長や数百名のアルバイトに対して想いを届け、メンバーの心を動かす〈伝える力〉である。松屋は、これらの三つの力を醸成しながら、リーダーシップを発揮できる人材の育成に取り組んでいる。[*13]

現在、松屋は、「一杯、一皿に、真心と情熱をこめて」、商品の競争力・開発力の強化、価格・販売戦略の先鋭化、店舗オペレーションの高品質化など、「企業規模拡大と質的充実」を目指した取り組みを展開している。「一人ひとりのスキルアップが企業の発展につながる」との考えをもとに、従業員教育を強化し、環境保全・社会貢献へも注力している。[*14]

松屋は、できたての美味しさを、そのまま急速冷凍する「冷凍個食パック」を外販し、新たな顧客も獲得している。外販商品の展開により、松屋は、「外食チェーンから食の総合企業」へと躍進している。松屋の味造りのノウハウは、ロースとんかつ定食が話題の「松八」や、鮨業態「福松」「すし松」へとネットワークを広げている。これらの新業態店の出店と既存の松屋との相乗効果も発揮されている。海外へは、二〇〇九年九月に中国上海市に直営一号店をオープンさせる。米国ニューヨークを拠点とする外食企業をグループに加え、米国市場へも進出している。[*15]

3　事業の拡大：すき家

すき家は、全国に一、九六七店舗をかかえる、国内最大手の牛丼チェーンである。吉野家や松屋に比べてその歴史は浅い。グループでは、四、八八八の店舗を構え、売上高国内No.1である。すき家は、一九八二年、トタン張りの倉庫の片隅からその歴史を始めた。一九八二年一一月、横浜市鶴見区にすき家一号店を開店した。当初は、四人で始め、エアコンもなし、消しゴム一つ買うのも苦労する資金不足の会社経営であったが、「フード業世界一を目指す」というビジョンのもと経営を続けてきた。[*16]

「牛丼屋で世界一なんてムリだろう」「どうせ口先だけだよ」そんな風に、奇異の目で見られたことも一度や二度ではない。小手先のビジネスや単なる金もうけには走らなかった。常に大きな目標を目指し、愚直に走り続けてきた。日本一というのは、通過点に過ぎない。世界一の道のりは長い。それでも、世界一を目指し続ける。それは絶対に変わらない。ビジネスは単に金もうけをするだけでは価値がない。社会や世界に対して、何をなし得るか。それが企業の価値も、人間の価値も決定する。ゼンショーは、社会を良い方向へ革新するために存在する。「世界から飢餓と貧困を撲滅する」というビジョンは、その意思の表明であり、行動基準である（小川賢太郎）。[*17]

事業を飛躍的に拡大させ、二〇〇一年には東京証券取引所市場第一部に上場を果たす。その後も、事業拡大を図り、二〇一一年には、日本の外食産業で売上ナンバーワンを達成している。これまで三〇数年であり、その急成長ぶりは、ほかを圧倒している。外食産業全体では、二〇〇〇年の二七兆円から二〇一二年に二三、三兆円へと減少傾向にある中、すき家は、二〇〇〇年対比でみても、約七、〇〇〇億円程度売り上げを伸ばしている。すき家は、ゼンショーホールディングスの主要事業であり、ゼンショーはフード業世界一を目指している。[*18]

ゼンショーホールディングスは、フード業界世界一を目指して、「自立した個人」を求め、育てている。自立した個人とは、いかなる状況下であっても、自らが置かれた状況下で、「自分がすべきことは何なのか?」を主体的に考え、行動できること。受け身で仕事をするのではなく、自ら考え、自ら判断し、自ら行動する人物である。より具体的には、①高いビジョンを持ち、主体的に物事を考えながら、成長したいという強い意欲を持ち、②能力の有無に関わらず、目標を達成しようとする強い意欲を持ち、③チームとして、組織として、どう考え行動すべきか。社会全体から自分が何をするべきなのかを判断し、これらの三つの「成長意欲」「達成意欲」「協働意欲」の考えを理論だけでなく、心から感じ、行動に移していける人物を求めている。[*19]

その企業理念は、世界から飢餓と貧困をなくすことであり、安全でおいしい食を、手軽な価格で誰もが楽しめる。ゼンショーという革命的な「ビジネスモデル」を世界中に展開していく。ゼンショーは、四つの事業カテゴリーを展開していて、牛丼の売り上げが四三%、レストランカテゴリーが三五％、ファストフードカテゴリーが一五％、その他のカテゴリーが七％となっている。ゼンショーの経営では、安全、品質、コストに重きをおいている。食の安全を最優先として、外食企業では類をみない、残留農薬や貴金属などの分析を行う中央分析センターを設立し、放射線測定器を中央分析センターに導入し、食材の放射線検査も行っている。さらに、安全性の確認だけではなく、食材調達から安全性を追求。主要食材である牛肉は、ゼンショーの社員が現地に赴き、資料の定期的な検査や加工工場のチェックを行っている。ゼンショーでは、人間が幸福に生きていく上で大切な「衣食住」にあえて順番をつけるとしたら、「食住衣」だと捉えるようにしている。世界を見渡せば、飢えに苦しむ国は大きな社会の混乱に向き合っている。食は人の気持ち、社会のインフラであるとゼンショーは考えている。ゼンショーの強みは、創業時から三〇年かけて構築してきた、ＭＭＤ（マスマーチャンダイズ）である。ＭＭＤは、原材料の調達から製造・加工、物流、店舗でのお客様への提供までを一貫して、企画・設計、運営する独自の仕組み。農業、製造業、物流業、フードサービス業もすべて、ゼンショー自社でマネジメントしている。このＭＭＤを世界展開していくことで、あらゆる段階での雇用を生み出すことができる。[*20]

このように丼家の御三家は、経営的な危機に直面するも、その危機を乗り越え、全国展開さらには、グローバル展開をしている。二四時間営業を続け、店舗を増やし続けてきた丼家の経営は、高度経済成長を迎え、右肩上がりを続けてきたこの国の成長と二人三脚の歩みであった。

午後三時であれ、四時であれ、牛丼を食べる人間はきちんと存在する。……牛丼てさ、一〇代二〇代男子にとっては、もうメシを越えた存在なんだよ。メシどきだから食うもんじゃなくて、そこに牛丼家があるから食うもんなんだ（小野寺　二〇一四：一五）。

「牛丼は、もうメシを越えた存在なんだよ」ということの言葉に集約されるように、丼家は外食という産業のみならず、我が国の文化として根付いている。

＊1　マクドナルドは、藤田商店社長の藤田田が、フランチャイズ権を獲得し、一九七一年五月に日本マクドナルド会社（現：日本マクドナルドホールディングス株式会社）を設立する。同年七月に銀座三越店内に第一号店を開店すると、その後は、順調に店舗数を伸ばし、二〇一四年現在では、国内に三、三〇〇店舗を抱える一大市場を獲得している（http://www.mcdonalds.co.jp/company/outline/enkaku.html）。

＊2　http://www.yoshinoya.com/about/quality/index.html

＊3　http://www.yoshinoya.com/company/message.html

＊4　http://www.yoshinoya.com/

＊5　http://www.yoshinoya.com/company/culture/index.html

＊6　http://www.matsuyafoods.co.jp/recruit/new_second/about_top.html

＊7　http://www.matsuyafoods.co.jp/recruit/new_second/about_top.html

＊8　http://www.matsuyafoods.co.jp/recruit/new_second/about_top.html

＊9　http://www.matsuyafoods.co.jp/company/message.html

＊10　http://www.matsuyafoods.co.jp/company/data.html

＊11　http://www.matsuyafoods.co.jp/recruit/new_second/rinen_genten.html

＊12 http://www.matsuyafoods.co.jp/company/message.html
＊13 http://www.matsuyafoods.co.jp/recruit/new_second/jinzai_motomeru.html
＊14 http://www.matsuyafoods.co.jp/recruit/new_second/about_top.html
＊15 http://www.matsuyafoods.co.jp/company/future/new_domains.html
＊16 http://www.zensho.co.jp/jp/company/philosophy/
＊17 http://www.zensho.co.jp/jp/company/message/
＊18 http://www.zensho.co.jp/jp/company/outline/history_2001.html
＊19 http://www.zensho.co.jp/jp/recruit/saiyo/personimage/
＊20 http://www.zensho.co.jp/jp/recruit/saiyo/about/philosophy.html

あとがき

社会的世界の表象は所与のものではないし、また同じことだが、何らかの記述や反映なのではなく、(常にすでになされた、また常にやり直されるべき)「構築」活動の帰結なのである。社会的世界の表象は通常の言葉の中に沈殿している。通常の言葉とは、それが記述している限りでの社会的世界の意味を作り出すような遂行的なタームであり、この世界の思考について情報を与えることで、またそれが指示し動員する集団を算出することで社会的秩序を算出するのに貢献するような指令(スローガン)である。要するに、社会的現実の社会的構築は、行為者が行う無数の矛盾した構築の活動の中で、またそれによって遂行されるのである(ブルデュー 2007：290)。

1　丼家の賜物

オーストラリアとアメリカでの四年間の客員研究員をおえて二〇〇八年三月末に帰国した私は、丼家に立ち寄った。そのときに、注文したメニューが配膳されてくるまでの圧倒的なスピードと、食べたときの美味しさと、その商品の低価格に驚きを覚えた。この驚きが、本書の出発点となる原初体験である。「このサービスとその質の高さは、世界に類をみない」と思ったことを今でも、鮮明に覚えている。

丼家に立ち寄り、どのようにして注文商品を調理し、配膳しているのか、二四時間営業をどのような勤務形態でまわしているのだろうか、ということに、私は次第に興味を抱くようになっていった。驚きのスピードの舞台裏、空腹を満たしてくれる美味の秘密に魅了されたのである。それから数ヶ月間は、丼家で食事をとる時に、意識的に異なる店舗を選ぶようにした。同一チェーン店舗でも店内の雰囲気はそれぞれであり、注文した商品の配膳時間もバラつきがあるように感じられた。

それ以降、二〇〇八年七月から関東地区の丼家の来店観察、マネジャーや従業員へのインタビュー調査を行ってきた。食べ歩きは、今も続けている。丼家で働く人びとの表情、動き、交わされる言葉のやりとりなどから気づきを発見しては、店舗マネジャーに質問をしていくということを繰り返してきた。第**4**章で描かれた内容に、丼家を経営していく上での成功の秘訣の物語に読めるのであれば、それは店舗マネジャーの日々の営みに尽きる。経営手法のスキル本を手掛けるつもりは毛頭ないが、編まれた本著にそのような隠し味が効いている。

書くという行為は、空間的に書き手を拘束し、社会的コミュニケーションからの暫定的な断絶を伴う孤独な営みである。書き進めながら先の見えない暗闇に迷い込むのは、一度や二度ではない。前に進んでいるかどうか、わからなくなる迷走と孤独の中で、それでも、筆を走らせていく。その暗闇を突破できたときの喜びは感慨深い。本書を編み上げていくプロセスは、丼家で交わした会話や匂いを思い起こす、味わい深い体験であった。店舗の情景や店員のやりとり、マネジャーの言葉を書き起こしていく中で、お腹を鳴らした。迷い込んでしまったときは、丼家に向かった。丼家は、いつでもあいていた。いつでもあいていることは、大きな支えとなった。

店舗マネジャーの現場の苦労や困難、喜びや達成感をできるだけ再現することを心がけてきた。慢性的な人材不足、超過勤務、本書を通じて、店舗を休まず経営していくことの厳しさを感じていただけたに違いない。この厳しさは、店舗マネジャーの労働の実態である。だが、それがすべてではないことも、読者には読み取って頂けると思う。誰にでも平等に開かれた舞台で、いかに本気で働いているか。真剣であるからこその得る達成感や喜びを、一人でも多くの読者に伝えたいと店舗マネジャーは話してくれた。

現場での観察や店舗マネジャーへのインタビューを重ねていく中で、次第に浮かびあがってきたのは、サッカーの強豪チームがみせる絶妙なパスワークや熟達者達が奏でる心地良いシンフォニーに似たチームワークであった。数秒で配膳される食事は、現場に関わるマネジャーや店員との日頃からのコミュニケーションの賜物であった。即興的なチームワークであるので、連携が上手くいかず、「フロアがまわらなくなる」という事態に度々、遭遇したことも発見であった。

二四時間営業というこの一言で表現するにはあまりにも荷が重い、いつでもあいていることの凄味を、筆をおえる最後の一文字まで、一時も忘れたことはない。丼家には、これまで丼家を題材にした書物では明らかにされてこなかった人びとの労働があり、そこには感情が入り交り、無数のドラマがある。ここで再現してきた丼家の日常ドラマは、打ち合わせの合間の隙間時間や電車での移動時間にも、書き込んできた。大学講義のない夏休みや冬休みのまとまった時間にも、生を吹き込むように書き溜めてきた。その素材となるものは、すでにいくつかの形となっている。

「外食ファストフードチェーン店舗管理職の仕事」『法政大学キャリアデザイン学会紀要』（二〇一一：五九‐七六）、「外食ファストフード店舗管理職の仕事」関東社会学会 明治大学 二〇一一年六月十八日、「働くものの目線」吉原直樹・近森高明編『都市のリアル』（二〇一三：六七‐八三）、「外食ファストフード店舗の経営社会学」『法政大学キャリアデザイン学会紀要』（二〇一四：三五‐五五）。本書はこれらの刊行論文から出汁を取っている。本書を煮込む過程で、もともとの具材は、大きく姿をかえている。

私は、飲食業界のコンサルタントでもなければ、美食評論家でもない。社会学を専門とする研究者である。そんな私でも、この期間に、足繁く丼家に通い、店員同士のやりとりを注意深く観察する中で、外からは一様にみえるそれぞれの丼家も、一歩中に入ると、全く違い、味も微妙に違えば、配膳のスピードも違う、一店舗ごとに、居心地が違うことが理解できるようになった。言い換えるなら、店舗の健康状態を診断し、その状態の良し悪しを判断できるようになった。

五年間で丼家の変化ものあたりにした。昼間のピーク時に、席が空くのを待つ顧客でごった返していた店舗が、数年後には、空席が目立つようになっていた。多店舗チェーン展開の丼家で、提供されるメニューや具材は同じものである。それでも、丼家は人気店と不人気店に分かれていく。その違いがどのように生まれるのかは、本書を読み進められるなかで理解していただけであろう。

本書は、丼家の労働現場のドキュメンタリーである。社会学の専門的な方法と見識を軸に、社会学者である著者が手掛けているので、エスノグラフィーという形でこのように仕上がっている。本書で描かれた内容の中には、マネジャーの昇進もあれば、離職もある。マネジャー間や新人店員との問題も描かれている。私が、今、このあとがきを書いているときも、マネジャーや店員は店舗で働いている。それを思うと、彼ら彼女らに、一切の迷惑をかけることはできない。マネジャーや新人店員中には、本名での登場を了承してくれた方が何人もいたが、悩みに悩んだ末に、仮名表記にしたのは、個々のプライバシーをどんな状況であれ守るという社会学者としての責務であるからだ。だが、マネジャー達の労働の証を本名で残していくことも、私の使命であったのではないかと、今でも心残りはある。

社会学的なフィールドワークの手法を用いて丼家の経営に迫った本書は、第一に、丼家の経営に携わる店舗マネジャーや店舗で働く従業員の方たちに一人でも多く読んで頂ければ幸いである。本書を通じて丼家の経営に経験的に寄り添い追体験していくことができる。ご自身の店舗の経営状況とシンクロする部分もあれば、異なる部分もあるだろう。本書の第4章で抽出される経営の技法には、丼家の経営状況を改善する為に、各店舗で取り入れることのできる実践的な取り組みが数多く確認できるだろう。第3章で記述した様々な問題に直面している店舗マネジャーも少なくないはずである。同業種や同系列の他店舗で起きている問題の数々を通じて、読者それぞれの店舗の状況を一端は客観視できるのではないかと考えている。社会学者のミルズは、「通常、人びとは、自分たちの周りに起きていることを、そこで生きている社会の巨視的な変化とは結びつけることができないでいる」(ミルズ 一九六五:四)と述べている。本書を通じて、自店舗の状況と、社会的な変化とを結びつけて考えてみることで、店舗での問題が個人的な要因ではなく、組織的な問題であり、また、社会構造的な問題であると捉えることができたら、現状を打開し突破する戦略もこれまでとは違ったものがでてくるのではないだろうか。

第二に、飲食産業を含む、広い意味でサービス産業に従事している人に読んで頂ければ幸いである。店舗の経営の困難や喜び、顧客とのコミュニケーション、非正規雇用の従業員としての働き方やマネジメントについて、共感できる部分も多くあるかもしれない。その逆に、納得できない部分や気づきもあるかもしれない。サービス産業の労働現場についての意見交換のきっかけになればと思う。サービス産業の労働現場は、まだまだ、語られていないことが多い。丼家の語られていない声に耳を傾けてきた本書の取り組みが、他のサービス産業の労働現場との対話へと繋がっていくことを願ってやまない。

最後に、経営や組織に関心を持ち、インタビューやフィールドワークに関心を持つ、経営学や社会学の研究者や研究者を志す院生、学部生にも広く読んで頂きたい。平易な文章で綴っているが、その細部や背後には、経営や組織に関する専門的知見をもとに、分析を加えている。丼家をはじめ、外食産業やサービス産業は、国内の巨大市場を形成している。こうした、国内のサービス産業の現場は、対象が身近で、物理的距離も近いことでの調査の取りかかり易さがある。調査の取りかかり易さから実際に、どのように現場へと入り込んでいくのか、そこで抽出される生の語りやデータをどのようにしてエスノグラフィーに組み込んでいくのか、現場からエスノグラフィーの製作工程の一事例としても、本書を読むことができるだろう。労働現場の組織エスノグラフィーという視点と方法は、今後さらに注目されるに違いない。

2 社会的世界を紡ぐ

私はこれからも自らの身体を賭けて現場に入り込み、そこで生きる人々の集合からなる社会的世界を抽出し、言葉に紡いでいく。今、手元に抱えている作品が二つある。一つは、ストリートでの文化的活動に没入した若者たちの労働と生活に迫ったものだ。この作品に取り組み始めたのは、二〇代の前半のことであったので、かれこれ一三年が経過した。月日が経つのはあまりに早い。当時、出会った若者たちは、年齢を重ね、私と同じくいい歳になっている。次に、私の著作として刊行されるのは、この著となる。

もう一つの作品は、アメリカに出稼ぎにくる日雇い移民労働者たちに迫る労働生活誌だ。米国在外研究中に取り組み始め、七年の月日が経過している。正規滞在資格を持たず、家庭への仕送りをするために、日々、ストリートで日雇いの仕事待ちをしている労働者たちの生き様を描きこんでいきたい。

どちらも登場する人物の葛藤や喜び、そこでの生きられる匂いや味わいを注ぎ込むような作品を編みあげていく。そんな道中の私にとって、丼家の経営を描いてきたこの経験は、かけがいのない宝物である。フィールドへの再訪も楽しみにしている。成果は、しばしお待ちいただきたい。私の研究者としての仕事の輪郭は、本著とこれからまとめていく二冊でご理解頂けると考えている。労働・生活・都市の主体的経験と社会構造的背景を内側から経験的に描き出していく社会学的エスノグラフィーを手掛けていく。

院生時代から三〇代の前半、研究者としての見習い期間に、『ストリートのコード』と『ボディ&ソウル――ある社会学者のボクシング・エスノグラフィー』と二冊のエスノグラフィーの翻訳を手がけたことが大きな糧となった。私は、この二冊に七年の月日を費やした。ほんとうに、挫けそうになった。この二冊を並行して訳しながら、メルボルンとカリフォルニアで毎晩、翻訳に向き合った。これだけの著作を訳すエネルギーもモチベーションも今はない。自分の著作を私の言葉で、形にしていきたいと思っている。その第一弾が本書である。

本書は、法政大学の二〇一四年度出版助成をうけて、刊行することができた。いつも迅速に対応して下さる研究開発センターの方々には、改めて御礼を申し上げたい。日々、働くこと・生きることについて、深く経験的に考える機会を与えてくれる法政大学キャリアデザイン学部の同僚の先生方にも、感謝を伝えたい。私の講義を受講し、個人の主体的な経験とそれをとりまく社会構造との〈間〉を洞察させる社会学的想像力を養うワークに、毎回、真剣に向きあう、学生一人ひとりにも感謝している。

私が社会学的エスノグラフィーに惚れ込み、没頭し、自分の作品を刊行するまでに至ったのは、院生時代からの恩師、町村敬志先生の影響が大きい。博学の町村先生が守備範囲にできないことを見つけ出し、自分の仕事にしようと取り組んできた。バークレー在外研究員時代の恩師、ロイック・ヴァカン教授にも、本書を持って近況報告に向かいたい。私は、ヴァカン教授の「身体を賭けた社会学の理論と方法」を徹底的に叩き込んだ。本書全般にそれが反映されている。

本書の装幀は、アートディレクターの戸田宏一郎さんに御願いした。装幀デザインのドラフトをみたとき、鳥肌が立った。ものすごく気に入っている。戸田さん、有難う。戸田さんを紹介して下さったのは、コミュニケーション・デザインを手がける齋藤太郎さんである。彼はメンター的存在でもある、大事な友人。齋藤さんの近くには、畑間晶太さんをはじめ、魅力的な人達が集まり、この社会のハッピーを増幅させている。素敵な同志への感謝は、私なりの方法、書物というメディアで伝えていきたい。

最後に、私の研究者としての処女作を手掛けてくれた掛川直之さんに、最大級の感謝を述べたい。掛川さんは、私のバークレー校研究員時代の受入教員であったロイック・ヴァカン教授の研究を翻訳や論文で紹介していく私に興味を抱いていただいた。最初に研究室でお会いしたのは、七年前のことだ。掛川さんと本を手掛けることを約束したものの、翻訳の仕事に時間をとられる自分を、文句一つ言わずに待っていただいた。出会ってから二年が経った頃、私が刊行したいのは、ヴァカンの解説書ではなく、丼家のフィールドワークのエスノグラフィーであると伝えたときも、面白そうですね。ぜひ、刊行しましょうと背中を押して下さった。掛川さんと出会っていなければ、掛川さんでなければ、この書物を刊行することはできなかった。京都から法政の研究室に、何度も通って頂き、その打ち合わせごとに、私は、筆が進まず申し訳ないという気持ちを強くするとともに、なんとしても編み上げるという決意を固めてきたものである。ようやく、形になりました。掛川さん、有難うございました。

二〇一五年二月

田中　研之輔

参考文献

Bourdieu, P., 1994, Raisons pratiques, Sur la theorie de l'action, Editions du Seuil（加藤晴久他訳、二〇〇七、『実践理性：行動の理論について』藤原書店）

——, 2002, Le bal des celibataires: crise de la societe paysanne en Bearn, Editions du Seuil（丸山茂他訳、二〇〇七、『結婚戦略：家族と階級の再生産』藤原書店）

Drucker, P., *Management: Tasks, Responshiblities, Practices,*（上田惇生編訳、二〇〇一、『マネジメント　基本と原則』ダイヤモンド社）

Emerson, RM, Frets, I, Shaw, L., 1995, *Writing Ethnographic Fieldnotes,* The University of Chicago Press.（佐藤郁哉・好井裕明・山田富秋訳、一九九八、『方法としてのフィールドワーク』新曜社）

Goffman, E., 1967, *Interaction Ritual: Essays on Face to Face Behavior, Philadelphia*（浅野敏夫訳、二〇〇二、『儀礼としての相互行為——対面行動の社会学〔新訳版〕』法政大学出版）

Hochschild, Arlie., *The Managed Heart: Commercialization of Human Feeling*（石川准・室伏亜希訳、二〇〇〇、『管理される心——感情が商品になるとき』世界思想社）

金井壽宏・佐藤郁哉他、二〇一〇、『組織エスノグラフィー』有斐閣
Malinowski, B., 1922, *Argonauts of the Western Pacific: An account of native enterprise and adventure in the Archipelagoes of Melanesian New Guinea. London: Routledge and Kegan Paul*（寺田和夫・増田義郎訳、一九六七、「西太平洋の遠洋航海者」『世界の名著五九　マリノフスキー　レヴィストロース』中央公論社）
Mintberg H., 1973, *The Nature of Managerial Work, Harper Collins Publishers*（奥村哲史・須貝栄訳、一九九三、『マネジャーの仕事』白桃書房）
Mintberg H, 2009., *Managing*, Berrett-Koehler Publishers., Inc（池村千秋訳、二〇一一、『マネジャーの実像――「管理職」はなぜ仕事に追われているか』日経ＢＰ社）
Ritzer, G., 1996, *The Mcdonalization of Society*, Pine Forge Press（正岡寛司訳、一九九九、『マクドナルド化する社会』早稲田大学出版
佐藤郁哉、一九九二、『フィールドワーク――書を持って街へ出よう』新曜社
佐藤博樹・鎌田彰仁、二〇〇〇、『店長の仕事――競争力を生み出す人材活用』中央経済社
佐藤博樹・佐藤厚、二〇〇四、『仕事の社会学――変貌する働き方』有斐閣ブックス
田中研之輔、二〇一一、「外食ファストフードチェーン店舗管理職の仕事」『生涯学習とキャリアデザイン』八号五九－七六
――、二〇一二、「都市型サービス産業の労働現場――民間施設に従事する若年専門技術者の事例」町村敬志編『差別と排除の〔いま〕二　空間に潜む排除と反抗の力』明石書店、一〇七－一三一

――、二〇一三、「働くものの目線――サービス産業化する都市の内側」吉原直樹・近森高明編『都市のリアル』有斐閣 六七－八三
――、二〇一四、「外食ファストフード店舗の経営社会学」『生涯学習とキャリアデザイン』一一号三五－五五
Wacquant L., 2004, *Body & Soul:Notebooks of an Apprentice Boxer*, Oxford University Press.（田中研之輔・倉島哲・石岡丈昇訳、二〇一三、『ボディ＆ソウル――ある社会学者のボクシング・エスノグラフィー』新曜社）
Whyte F William., 1961, *Men at Work*, Richard D. Irwin and The Dorsey Press, INC.

関連書籍

足立紀尚、二〇〇四、『牛丼を変えたコメ――北海道「きらら397」の挑戦』新潮社
槙野咲男、二〇〇二、『吉野家の牛丼280円革命』徳間書店
村田らむ他、二〇一〇、『「牛丼」の謎』イーストプレス
小野寺史宣、二〇一四、『牛丼愛』実業之日本社
坂口孝則、二〇〇八、『牛丼一杯の儲けは9円――「利益」と「仕入れ」の仁義なき経済学』幻冬舎新書
佐藤毅史、二〇一三、『一杯の牛丼から見えてくる日本経済の軌跡とこれから』ビジネス教育出版社
田中司朗、二〇一〇、『飲食店　店長の仕事』商業界
戸田顕司、二〇〇七、『吉野家　安倍修二　逆境の経営学』日経ＢＰ
山中伊知郎、二〇〇六、『がんばれ！　吉野家』長崎出版

■著者紹介
田中研之輔（たなかけんのすけ）

1976年生．一橋大学大学院社会学研究科博士後期課程単位取得退学
メルボルン大学大学院社会学プログラム客員研究員、
カリフォルニア大学バークレー校大学院社会学専攻客員研究員を経て、
現職：法政大学キャリアデザイン学部准教授・株式会社ゲイト　社外顧問
専攻：社会学・社会調査論

〔主要業績〕
『ボディ&ソウル――ある社会学者のボクシング・エスノグラフィー』（新曜社、2013年／共訳）
『ストリートのコード――インナーシティの作法、暴力、まっとうな生活』（ハーベスト社、2012年／共訳）

Horitsu Bunka Sha

丼家の経営
――24時間営業の組織エスノグラフィー

2015年3月19日　初版第1刷発行

著　者　田中研之輔

発行者　田靡純子

発行所　株式会社 法律文化社

〒603-8053
京都市北区上賀茂岩ヶ垣内町71
電話 075(791)7131　FAX 075(721)8400
http://www.hou-bun.com/

＊乱丁など不良本がありましたら、ご連絡ください。
お取り替えいたします。

印刷：中村印刷㈱／製本：㈱吉田三誠堂製本所
装幀：戸田宏一郎

ISBN978-4-589-03670-4